北京语言大学中央高校基本科研
业务费专项资助(项目号:17YJ010006)

文化与全球化

张　华　著

山东大学出版社

文化需要全球化(代序一)

张华教授是中国教育报刊社“二报四刊”的老作者,早年开始为《中国教育报》撰写长篇通讯可以追溯到上世纪 90 年代初,当时我在《中国教育报》高教部工作,所以,常有机会第一时间阅读他的稿件。1993 年 2 月,中共中央、国务院颁布了《中国教育改革和发展纲要》,1994 年 6 月,我国改革开放以来的第二次全国教育工作会议召开,同年 10 月,教育部组织“落实全国教育工作会议精神纪行”活动,活动中我得以与张华教授相识,此后即经常针对有关高等教育的一些主题向其约稿。这次看到他的《文化与全球化》书稿,读来倍感亲切。这一是因为二十多年来,作者与编辑之间的文字交往经历,使我非常熟悉其写作风格;二是因为书中有一部分文章正是在我所主持的各类高教栏目上刊发的,我既是他这些文章的编辑者,也是他这些文章的第一读者。也正因为此,当他邀请我为此书作序时,我欣然应允,也刚好借此机会向他表示衷心祝贺!

据我所知,张华教授是学习文学“出身”,尤以比较文学与世界文学研究见长,从学士到硕士再到博士,三个学位,分别从山东大学中文系和中国人民大学中文系获得。但是，他不是躲在书斋里的学者，无论是读书还是教书时期，他都持续关注教育领域特别是高等教育领域的问题，关注社会文化现象和文化思潮，关注文学与其他学科的现实联系，这使得他能够针对教育、文化和社会现实发表评论。攻读博士学位期间和获得博士学位之后，张华教授曾在英国伯明翰大学和美国哈佛大学留学。也许，正是因为他既有当学生的经历，又有教学生的经验，既有中国教育的过程，又有海外教育的背景，才使得他能够以多维、多层、多元视角来透视和评论教育、文化以及其他问题。

中国的教育改革和发展是伴随着中国改革开放的历史进程而前行的，特别是党的十九大召开以来，中国教育改革和发展的步伐在新时代日益加快。今年恰逢是我国改革开放40周年，回望和总结中国教育的改革发展历程，中国教育取得了跨越式发展，教育事业的中国特色越来越鲜明，为加快推进教育现代化、建设教育强国奠定了坚实基础，为实现中华民族伟大复兴提供了有力的智力支持和科技支撑。在这一发展历程中，深入改革开放了的中国教育在国际上也产生了巨大影响力，形成了全方位对外开放和交流的格局，中国教育成为世界教育版图的重要一极。2018年9月召开的全国教育大会，谋划我国教育改革发展的宏伟蓝图，开启教育现代化建设的新征程，是我国教育发展史上新的里程碑。习近平总书记的重要讲话，站在党和国家事业发展全局的战略高度，深刻回答了培养什么人、怎样培养人、为谁培养人这一根本问题，对加快教育现代化、建设教育强国、办好人民满意的教育作出了全面部署,是指导新时代进一步深化教育改革发展的纲领性文献,引领教育工作者切实增强责任感、使命感,努力开创新时代教育改革发展新局面。

张华教授长期在高校工作,又有从事新闻和教育管理工作的经验,所以《文化与全球化》一书中收录的直接关涉教育事业主题的评论,多数是有关高等教育热门话题的。这些文章能够积极回应百姓关切,紧扣教育中心工作聚力发声,以一位教育工作者的责任和担当助力教育事业改革发展,文章受到很多读者的好评。其实,我也注意到,张华教授的视野也并未局限于高等教育,而是关注到文化、教育的诸多领域。比如,书中收录了《十年树木　百年树人》一文,最初发表在《美文》杂志 2018 年第 2 期上。这篇文章不是直接关涉高等教育主题的,相反,却是有关基础教育最初阶段——学前教育的,此文一经发表也受到很多读者的关注。张华教授从一条新闻敏锐地觉察到一个出现在学前教育阶段的现象已引起中央高度重视,他在文中说道:“2017 年 12 月 18 日至 20 日,中央经济工作会议在北京举行,这是党的十九大之后召开的首次中央经济工作会议,习近平总书记在会上发表重要讲话。大家注意到,一年一度的中央经济工作会议这次破天荒地提出五大突出的教育问题,也就是中小学生课外负担重、择校热、大班额、学前教育、婴幼儿照护等五大群众最为关心的教育问题。可见,这五大问题已经引起中央的高度重视,必将是 2018 年乃至未来教育工作的重点。经济与教育密切关联,这并不难理解,但经济工作会专门谈教育必有因缘……”文中还说:“幼儿园可以上市,足以说明幼儿园是‘市场化'的或曰'产业化'的……幼儿，不仅是父辈、祖辈、祖祖辈辈的心肝宝贝，也是民族的希望、祖国的未来，我相信，只要是刚需，每个家长一定是会倾其所有甚至拿出身家性命保证他们受到尽可能良好的教育。他们走进幼儿园是去接受最早的社会教育，幼儿园交给市场来'管理'，不就等于把这些掌上明珠、心肝宝贝、民族希望、祖国未来统统交给市场了吗？其结果会怎样，其实并不难想象。"

2018年11月7日，《中共中央 国务院关于学前教育深化改革规范发展的若干意见》印发。《意见》指出：学前教育是终身学习的开端，是国民教育体系的重要组成部分，是重要的社会公益事业。办好学前教育，实现幼有所育，是党的十九大作出的重大决策部署，是党和政府为老百姓办实事的重大民生工程，关系亿万儿童健康成长，关系社会和谐稳定，关系党和国家事业未来。《意见》提出要遏制过度逐利行为，民办幼儿园一律不准单独或作为一部分资产打包上市。上市公司不得通过股票市场融资投资营利性幼儿园，不得通过发行股份或支付现金等方式购买营利性幼儿园资产。

张华教授发表这篇《十年树木 百年树人》的时候，已是在著名作家贾平凹主编的《美文》杂志主持"汉风"专刊的第三个年头。"汉风"专刊，锁定中华文化"走出去"主题，在张华教授主持下，办得有声有色，风生水起。据我了解，目前全世界500多家孔子学院和1000多家孔子课堂均能看到《美文》，这与其在办专刊过程中一贯倡导的"文化走出去，文学当先行""文学是通心之工程""文学是文化的最好载体"的理念是分不开的。主持《美文》"汉风"专刊，张华教授关注的话题进一步扩展,这些话题既涉及如何“以美育人,以文化人”的问题,又涉及怎样推动文化产业高质量发展以增强人们的文化获得感、幸福感的问题;既涉及文化传承问题,又涉及文化传播问题。从为教育专栏写稿,到主持文化专刊,张华教授持之以恒坚持写作,真诚表达教书育人,培养合格人才和弘扬文化自信的情感与心声。通过阅读《文化与全球化》一书,既可以了解张华教授文化评论的立场和历程,也可以体会一个人文知识分子的责任与担当。

是为序!

唐景莉[①]

2018 年 11 月

---

① 作者为《中国高等教育》总编辑。

我们的观念开始转变了(代序二)

一

灯塔,其实也是路灯。

普通的路灯照耀眼跟前那一截子路,照寻常路。灯塔也是照耀寻常路,但当一艘远归的船处于危机和迷惘中的时候,就不寻常了。灯塔的魅力在于站位高,而且有方向感。

学问家与一般学者的区别,不在知,在识,在于清醒的认识力和洞察力,在于给人带来方向感。梁淑溟说,有主见就是学问。学问是以学的态度去发现问题和认识问题,有了自己的突破和建立,就是学问家。

张华兄是学问家。

二

今天是大雪过后的第七天,距离冬至还有五天。按照中国人的老黄历,一年开始的第一天是冬至,这一天地热由地心向上升腾,古称一阳,“今日交冬至,已报一阳生”。二阳在小寒与大寒之间。三阳是立春那天,阳气突破地表,由此三阳开泰。我们中国人认识中的新年第一天,与“西历”的元旦,相差一周左右的时间,12 月 22 日前后到 1 月 1 日。这个差异是中西方观测天象所占据的地理位置形成的,中国人的老祖宗站在黄河,确切的说是站在渭河流域观天象,察地理。西历的落脚点在欧洲,他们那个说法,还有一点人为因素,以耶稣诞辰日为一年的首日。

张华兄是治中西文学比较的专家。我试着按他的方法,比较了一下中国与西方纪年的差异。

按我们中国人的计时方法,今天距新的一年开始还有五天。

门前街面上的两排桐树,叶子都枯黄了,但并不落下来。我三十年前开始住在西安的时候,最感动的就是这座城市的这个细节,满树的叶子黄了,一枚一枚满是丰富的皱折,却不飘零。有风的日子,依旧相互欢欣着击掌而歌,等到第二年新叶萌动的时候,只几天的功夫,它们便集体告老归根。每年春天的这几天,我都会在树下慢慢地走,看这群老树叶全身而退的壮观场景。是什么力量促使这些叶子坚持着走完整个冬天呢?物候的变化是天大的科学,是硬道理,让人们探究着并费解着。而我有时就简单地认为,这些老叶子是负责任的遮羞布,不想让这条街上的树赤裸着身子呢。

我们这个时期的文学,作家们的写作是多元丰富的,但文学研究领域却单调着,也相对滞后。文学研究者们思考的东西与作家们思考的东西并不在一个层面发生碰撞,评论家们对作家的作品或解读,或诠释,或欣赏,或挑剔批评,但严重缺失着文学研究的导航功能,甚至对文学原理的一些基本认知也是错杂不整的。从这个角度讲,张华兄的这些文章,也是遮羞布吧。

三

我选取张华兄两点认知做例子：

以前学汉语的外国人少，不知道他们的母语作品翻译到了中国变成什么样，现在学汉语的多了，看到他们的母语和名著翻译成中文后，每个字都认得，但整部作品却不知所云。

我曾经遇到过一位母语是西班牙语的译者，他告诉我，以前学习英文，发现英文版的《堂吉诃德》与原文差异很大，有明显的向英语国家文化习惯靠拢的倾向。后来他学习了中文，发现无论从西班牙语版翻译来的中文《堂吉诃德》，还是从英文版的翻译来的《堂吉诃德》，都存在着同样的问题，西班牙人生活的文化“味道”丧失殆尽，有的章节甚至荡然无存，最后好像只让中国读者看到一位像孔乙己一样可笑的“大战风车”的人。

我本人在尝试一种保持“原汁原味”的翻译，也就是说，翻译成中文的作品，字、词、句和语法结构，当然是使用汉语的，要符合中文的表达习惯，但是语言在整体上要保留母语的风格和它自身的文学性，让读者能体会到外国人母语的“味道”，也就是写作风格。这就像音乐，让人一听就能分辨出是西班牙风格，俄罗斯风格，还是阿拉伯风格。

以上三段是说文学作品翻译现状的。

他这么说文学和文化：“文学是最好的语言载体，也是最好的文学载体。”“语言文字的区别实质上就是文化模式的区别，什么样的话语就代表着什么样的文化模式。”“用中国话语讲好中国故事，文学作品是做好的担当。”“中国饮食文化，中国酒文化，中国茶文化，中国功夫文化‘走出去’，并不代表着中国的文化真正走了出去,而只有文学真正被世界所认同和接受,中国文化才算是走了出去","文化走出去,从'自信'和'信自己'开始"。

这些话都是普通的,但于当下却有着穿透力。中国的新文学是从20世纪初开始发端的,基本上是全方位向外国文学,主要是向西方文学学习,小说、诗歌、散文、文学评论,包括文学翻译,几乎学习了一百年,至今仍在矢志不渝的学习着。比如散文这个门类,分列着杂文、随笔、小品文等名目,就是向不同国家学习的"果实"。这几年,又最新进口了一个"非虚构"品种,一个文学门类,就这样分崩离析着。而在文学评论领域,西方的文学观,方法论,话语方式,占据着主导席位,乃至"几乎是在以西方的肺叶呼吸"。如果不用这样的方式写评论文章,被认为是"没有理论思维"。

一个国家的文学,没有自己的标准。面对这样的现状,我们对当代文学研究界,还能说些什么呢?

四

有预感的话,叫预言。张华兄说这些话的方式有点笨,像挖井,一锹一锹的,也不紧不慢,但他在挖自己的井,井底有深层次的泥土,水是清亮的,且富有钙质。

他说文化品格的独立,说文学教育的疏离和偏执,说国学与汉学,说现代性给我们带来了什么,说崇洋媚外何时发生,说文学中的"人性"和"人性化服务"的区别,说民族的和古典的。他在说到文学与多元时代关联的时候,话锋一转,"伊朗和沙特断绝外交关系的日子,也是朝鲜第一枚氢弹试验成功的日子",话是具体的,但话外音里有视野,也有格局。

他对文学中人性的理解给我印象深刻，他傻傻地做了分类，把具有人性的放在一边，把不太具有人性的放在一边，把完全没有人性的剔除出去。这种笨的下边，藏着他的大方和大器。

这些带预感的认识，还兆示着另一种预感：我们的观念开始转变了，我们今天的文学已经在向有文学规律的那个地方在进步，虽然还有一点距离，像我今天写作这个文章的时候，距离中国时刻里新的一年到来还剩五天的时间。

五

我一下子写了这么多，核心是想对张华兄写作这本书时的严谨和达观表达敬意。这些文章是给《美文》写的，他受贾平凹总编辑之邀，担任《美文》杂志“汉风·孔子学院散文专刊”的主编，除了繁重的编辑工作，还需要每一期写一篇卷首语，积淀三年成就了这本书。我们两人之间的友谊，也在其中凝聚着，我是他的责任编辑，是每个月第一个读到他文章的人，向张华兄学习！

穆　涛①

2018 年 11 月

① 作者为鲁迅文学奖获得者，《美文》常务副总编，西北大学教授，博士生导师。

目　录

文化需要全球化(代序一) …………………………………………… (1)

我们的观念开始转变了(代序二) …………………………………… (6)

文以载道

翻译的革命 ………………………………………………………… (3)

散文的文学性 ……………………………………………………… (5)

文化传统中的女性 ………………………………………………… (7)

浪漫主义的纠结 …………………………………………………… (9)

察看现实主义的生命力 …………………………………………… (11)

中国故事 …………………………………………………………… (14)

文学与文化 ………………………………………………………… (17)

东方与西方 ………………………………………………………… (19)

老人与海 …………………………………………………………… (21)

文化走出去　文学当先行 ………………………………………… (23)

读图时代 …………………………………………………………… (25)

哈佛的精神魅力 …………………………………………………… (27)

“道”说 ……………………………………………………………… (29)

"语言""文化"之辨 …… (31)
说"文"解"字"兼议"糗" …… (33)

学以成人

人性化 …… (39)
自然中的人 …… (42)
崇洋媚外何以发生? …… (45)
汉语国际教育之殇 …… (48)
文化自信的辩证 …… (52)
学以致用 …… (55)
实用主义 …… (58)
侨易的世界 …… (61)
国学与汉学 …… (63)
智慧中国 …… (65)
生与死 …… (68)
君子的义利观及其他 …… (70)

化育天下

什么是现代性? …… (75)
现代性带给了我们什么? …… (77)
文字与文化 …… (79)
世界语的联想 …… (82)
观乎人文　以化成天下 …… (84)
十年树木　百年树人 …… (86)

“反智主义”正在崛起？ …… (89)
读不尽的多元 …… (92)
大学改革　章程护航 …… (100)
大学生命：质量是灵魂　创新是血脉 …… (104)
大学校长：职业化与学术性 …… (107)
大学精神与中国精神 …… (110)
大学的中心 …… (114)
建设一流学科　避免“近亲繁殖” …… (117)
教育改革永远是进行时 …… (120)

心通民亲

文明之源 …… (125)
回归古典 …… (127)
我们需要一所“文学孔子学院” …… (130)
“新轴心时代”的侨易学 …… (132)
“拿什么奉献给你？” …… (134)
从硕士面试看日本文化传播之路 …… (136)
记录当代中国 …… (138)
一部作品　一段人生 …… (145)
作为文化“走出去”载体的图书 …… (149)
关键是心灵的和谐 …… (159)
英美艺术教育之路 …… (163)
何以美文？ …… (176)
“中国通” …… (178)
后　记 …… (182)

文以载道

◎翻译的革命

◎散文的文学性

◎文化传统中的女性

◎浪漫主义的纠结

◎察看现实主义的生命力

◎中国故事

◎文学与文化

◎东方与西方

◎老人与海

◎文化走出去　文学当先行

◎读图时代

◎哈佛的精神魅力

◎“道”说

◎“语言”“文化”之辩

◎说“文”解“字”兼议“糗”

翻译的革命

2015年9月的《美文》杂志刊登了“汉风·孔子学院散文专刊”征稿启事。从本期开始，专刊就与读者见面了。这期专刊，我们从征集到的大量稿件中选取了佐治亚州立大学孔子学院王静老师的《我的方向是西部》和三篇博士留学生的作品——泰国杨美英的《通天的大道九千九百九》、伊朗萨拉的《“苏布拉赫，你的鞋子在哪儿”》以及意大利乐安东的《中国古人的“笑点”》。

后三位作者的作品，原文均是根据征稿启事的要求以母语写成，随后又自己翻译成中文的，这对他们来说其实也是一种挑战。因为，在今天的翻译实践和翻译理论中，我本人在尝试一种保持“原汁原味”的翻译。也就是说，翻译成中文的作品，字、词、句和语法结构，当然是使用汉语（目的语）的，要符合中文的表达习惯，但是语言在整体上要保留母语的散文风格和它自身的文学性，让读者能体会到外国人母语的散文“味道”，也就是写作风格。这就像音乐，让人一听就能分辨出是西班牙风格、俄罗斯风格，还是阿拉伯风格……

可以说，这是一次翻译的革命！至少是“文化翻译”观念的一次创新。而在过去，由于国与国之间、民族与民族之间、文化与文化之间的交往、交流不如今天这样充分，翻译一般会看重将母语的文化味道向目的语的文化味道“靠拢”或“迁移”，所以，常常会有“失真”或“变味”的情况出现，针对留学生的翻译教学也主要提倡和强调“让读者看不出是外国人写的”。以前，学汉语的外国人少，不知道他们的母语作品翻译到了中国变成了什么样，现在学汉语的多了，看到他们母语的名著翻成中文后，每个字都认得，但整部作品却不知所云，这就是“失真”或“变味”的翻译。我曾经遇到过一位母语是西班牙语的译者。他告诉我，以前学习英文，发现英文版的《堂吉诃德》与原文差距很大，有明显向英语国家文化习惯靠拢的倾向，后来他学习了中文，发现无论是从西班牙语版翻译来的中文《堂吉诃德》，还是从英语版翻译来的《堂吉诃德》，都存在同样的问题，西班牙人生活的文化味道丧失殆尽，有的章节甚至荡然无存，最后好像只让中国读者看到了一位像孔乙己一样可笑的“大战风车”的人。

但愿熟悉泰语、波斯语或意大利语的读者，能从本期专刊的散文中读出中国和国外散文不同的风格和味道。

散文的文学性

《美文》“汉风专刊”征稿启事发出后，来稿不断，优秀的作品也很多，但因篇幅所限，本期我们只选择了三篇，其中包括贝加老师的《陌生的房间》、包东方女士的《英伦三遇》和伊朗留学生穆凯博士的《民众的儿子内贾德》。

贝加目前在日本立命馆亚洲太平洋大学任教，这所大学的现任校长是著名的中国文学研究专家、主攻中国现当代文学的是永骏先生。是永骏既是北岛诗作的日语译者，又是在日本学界研究鲁迅、茅盾和老舍的当代汉学家。今年，是永骏用了几个月的时间读完了贝加的全部作品，他称贝加是“中国当代一流的作家”。了解日本的都知道，日本人当面的赞美多少都会有些夸张，不过，我认为是永骏对贝加的评价却还恰如其分。作为同事，我与贝加就文学问题也多有探讨，而且我们对文学问题的很多看法都是非常一致的。比如，所谓文学是要有文学性的，不然只能算作“文字”或“文案”“文书”，而至于文学性是什么，在此自不必多言。这也是为什么贝加非常认同德国汉学家顾彬前些年对中国文学状况的批评。

文学要有文学性，人也有最正常的人性或本能。欣赏美、崇拜名人和怀旧都可归入其中，包东方的《英伦三遇》就至少表现了人的这三种本能。英伦的秋色，去过英国的人自然深有体会，即使没有去过，只要熟谙英国文学艺术，也大可以想象。包东方笔下的英国秋色，既是大家看到的和想象的，又是她自己特有的。邂逅英王，不仅对访英的中国人是件惊喜的事情，对英国居民来说也值得欣喜。难怪英国知山大学孔子学院中方院长方丽也将2015年8月15日抓拍到的英女王照片，在自己的微信上进行置顶定格。这倒并非只因为女王难得一见，更因为她是女王，身上承载着厚重和复杂的内容与意义。至于在英国与同窗又同室四年的同学相见，虽属私人故事，却是普遍情感的表达。

穆凯《民众的儿子内贾德》中的主人公也是位名人：伊朗前总统艾哈迈迪—内贾德。一位取得工学博士学位、做过省长和市长、后竞选总统成功并连任两届的"大人物"。他在曾做过其中文秘书的穆凯笔下，却又是一位出身平民、平易近人的"小人物"，在卸任总统职务之后回到了大学教书。

由这期选取的作品，我们不难看出，《美文》"汉风"虽名为"孔子学院散文专刊"，但所发文章并非一定要直接关联"孔子学院"，恰如"征稿启事"中所述，中外交流中各国的人文精神、文化风貌和社会情怀皆可成为写作对象。此乃"汉风"之实意也！

文化传统中的女性

今天，“生命”与“爱”文学两大主题的说法，其实是过去“战争”与“爱情”文学两大主题的升华。在战争主题中男性是主角，在爱情主题中女性是主角，当然战争与爱情交织，不必截然分开。与此同时，在男人的世界里，女人永远是话语主题，然而在女人的世界里男人则不是。女权主义、女性主义在西方的产生和在全球范围内的盛行，多多少少与此相关。这期《美文》“汉风专刊”选取的四篇文章，皆直接针对女性主题，而且作者皆为女性。分别是宋旭红的《尘封的光芒》、纳莉的《波斯女性》、刘锦香的《泰国女人这样活》以及金晶的《玉碗盛来琥珀光——走过“女儿国”拉脱维亚》。

《圣经》传统，是西方最为“传统”的文化传统，对这一传统的颠覆性诠释，必然会引发“山呼海啸式”的震动。宋旭红在《尘封的光芒》中就向我们介绍了欧洲人对这一传统中最为关键内容的质疑：基督信仰真正的传承者和守护者不应该是罗马天主教会，而是耶稣的妻子及其后裔。而且，这样的质疑在欧洲也是有“传统”的，是从未间断过的，而在我看来，这种质疑的源动力来自于女性对自己在《圣经》传统中地位的不满，而颠覆正是为了从根本上恢复女性的主体地位。

西方的《圣经》传统如此，那么东方《古兰经》传统怎样呢？

《古兰经》在遵从它的东方人们中间形成怎样的"传统"呢？读一读纳莉的《波斯女性》即可以略见一斑。歌德曾钟爱波斯文学，他称波斯文学架起了东西方文学之间的桥梁，随后提出了著名的"世界文学"概念。在波斯文学和文化传统中，女性兴许也是伊朗伊斯兰信仰真正的守护者和传承者。文中讲述的波斯著名史诗《列王记》记载的古尔德法里德的故事，与宋旭红《尘封的光芒》中讲述的《朱迪斯书》记载的朱迪斯的故事，在突出女性地位、寻归女性传统方面真的有异曲同工之妙。

在东方大国中国，也有一个"经典"传统，那就是《诗经》传统。《诗经》是文学领域的第一部诗歌总集，却也常常被历史学家、社会家甚至哲学家视为考察先秦文化社会的经典。《诗经》形成于从西周早期到东周中期的大约500年间，其诞生之初女性表现得非常活跃，她们具有一种自由、活泼的精神气质，地位有时甚至优越于男性。然而，儒家男权至上的传统是否在随后几千年的进程中完全覆盖或淹没了女性至关重要的作用，是《尘封的光芒》和《波斯女性》带给我们的进一步思考。从阅读刘锦香的《泰国女人这样活》我们也可以了解到，《诗经》传统在儒家文化圈中的影响是一致的。今天的泰国女性虽然已走出家庭，走向社会，走向更为解放的世界，然而，其文化传统中非解放的印记仍然是深刻的。

金晶的《玉碗盛来琥珀光——走过"女儿国"拉脱维亚》给我们带来的则是另外一种遐想：在女性占绝大多数的拉脱维亚，女性会是怎样的一种地位，男性会是怎样的一种心态？女权主义、女性主义在这样的国度又会有怎样的情形？这篇文章中没有提到，但给我们留下了想象的空间，这就是文学。

浪漫主义的纠结

《美文》“汉风专刊”有一个总主题，就是最初的征稿启事阐明的中外交流中各国的人文精神、文化风貌和社会情怀。但是，每一期的选文，基本还有一个当期主题，且每一期导读我也基本围绕这样一个主题而写。比如，第一期的主题是“翻译的革命”，第二期是“散文的文学性”，第三期是“文学传统中的女性”……这些主题并没有显示在字面上，但在我的意识里。这一期，是一个什么样的主题呢？其实，我很纠结，以至于看着这些来稿，难以取舍。

法国的浪漫是闻名于世的，张维佳先生的《感受法国人的浪漫》把法国人的浪漫情怀、浪漫生活、浪漫风格好好“感受”了一番，读起来真可谓是惟妙惟肖，浪漫气息跃然纸上，颇为吸引人。然而，浪漫究竟是什么呢？这也是我纠结已久的一个老问题。《感受法国人的浪漫》一文第一句似乎就给了一个答案：来法之前，有朋友醋意调侃：“不要太浪漫，不要有艳遇哟！”浪漫，意味深长，何时何处与男女之情“难舍难分”虽不得而知，也无需考证，但“情感”或“抒情”必然是浪漫的基本内涵或关键词，我们阅读的浪漫文学作品以及给浪漫主义文学所做的定义、归类，将它与现实主义文学所做的区分，大都离不开这类词汇，或以此作为浪漫与否的依据。

如此，问题又来了。难道浪漫主义文学就不"现实"，现实主义文学就不能"浪漫"吗？我认为答案自然是否定的。比如，桂帆女士的《交流，使人生更美好》，描绘了自己最为现实的生活，充满着真情实感，洋溢着对文化交流事业的热爱，而题目本身就既是浪漫的情感表达，又是现实的人生描述。青年作者张慧杰的《你好，佐治亚州立！》也是一样，写情淋漓尽致，写实栩栩如生，表达了自己作为一位汉语志愿者，远离祖国家乡，初次上讲台就上到了"超级大国"美国的讲台上的经历和感受，细细读来，同样可以感受到浪漫的回味，看到现实场景的再现。

犹太民族，出埃及前的受奴役，千辛万苦的"出埃及记"，二战时期的大屠杀和颠沛流离，在荒无人烟的沙漠之地复国复兴，在中东地区孤立无援、周边充满威胁、战乱纷争不断……在人类文明史上他们几乎是"离散"的象征，"苦难"的代名词，无论过去，还是现在。然而，基于我本人对犹太历史的阅读和理解，以及几年前在以色列为期数周的体验，我认为"苦中作乐"是其基本人生态度，而浪漫也就镶嵌在他们"离散"和"苦难"的人生之中闪闪发光、熠熠生辉。读了以色列作者鹿欢的《以色列人眼中的儒家智慧》，谁能说智慧中不具浪漫呢？这种浪漫，既可能是现实的，也可能是超现实的；既可以是人人之间的，也可以是人天之间、人神之间的。于是，我盼望能有一篇《感受以色列的浪漫》出现。

也许会有人说，就文学作品来讲浪漫主义和现实主义，可能只是体裁上的区分。如果这样，那依然会产生说不尽理不清的问题，依然会让我心存纠结且挥之不去。写到此，突然有了本期导读的主题，就权且称作"浪漫主义的纠结"吧。

察看现实主义的生命力

已故著名文艺理论家、山东大学中文系教授狄其骢先生，30年前曾在《文史哲》撰文《察看现实主义的生命力》，该篇理论长文不仅发在头条，而且占据了当期整个《文史哲》杂志的三分之一版面。给人印象最为深刻的是，全文没有一个注释，没有一个直接引文，却能“无一字无出处”，却能逻辑严密，论证严谨，令人信服。本期导读，我使用狄先生长文之题目，既纪念先生，也勉励自己。

写作这期《美文》“汉风专刊”导读的时候，刚好是伊朗与沙特断绝外交关系的日子，也是朝鲜宣布第一枚氢弹试验成功的日子，北京电视首播和热播的电视剧《芈月传》刚好播到第76集——秦国找借口讨伐800年楚国，青梅竹马、情深意长的黄歇和芈月再度挥泪而别的日子……这样与“交恶”和“军备”有关的事情，看似偶然或巧合，实则在不大的地球上面的某些区域却是常态。历史，告诉了我们这一点；现实，也让我们看到了这一点。战争，距离我们每个人，远吗？

写下以上的文字，我不知道是因为读了这期伊朗作者叶席的散文《战争，离我很近》，有感而发，还是因为看过暂居美国亚特兰大的作者张秀丽的《爱上一座城》，心生向往，留意日常“大事”却形成了巨大的反差，抑或是因为细品以色列作者鹿欢的又一篇作品《何以爱人如己?》引发了关于人性善恶的思考，但是无论是那篇作品的引发，我都能明显感受到每位作者发自肺腑的用心写作。战争，对于叶席来说，确实很近，无论是时间上还是空间上都很近，以至于30年后已经来到异国他乡求学、居住、生活了多年的他，仍难消除心头的战争痕迹，他用现实主义的笔法记述了一个真实的故事，描写了他的心路历程。他的诗，他的文，充满伤痛，又充满希望和热情；他写事带着发自肺腑的情感，写情，又有着故事情节的烘托，读来既能让人感受波斯文学的语言风格，又能领略今天伊朗的现实状况。

《战争，离我很近》中有一首诗，叫作《在城市里》，其写道："城市里很乱，所有的街道都忧伤，还有人们，比以前可怜茫然，人们脸上的歌已经死了，人们的行为自相矛盾……"这是饱受战争创伤之后的一座城，这简直就是一座罪恶之城，没有人会真正爱上它。然而，远在美洲的亚特兰大奥运之城，在张秀丽的笔下却让人能够如此热爱："这里的太阳是热情的，一年之中绝大多数时间都是笑容满面；土地是富裕的，为花草树木准备了丰富的食物，把它们养得又高又壮；树林是慷慨的，任凭小鸟、小松鼠们在这里筑巢盖房，绝不收取任何费用；池塘是慈爱的，怀里抱着小鱼小虾，背上还驮着风度翩翩的野鸭……"为什么？为什么同在一个地球，城市之间竟有如此天壤之别？战争，这一丑恶的人类怪物，显然是罪魁祸首！

然而，人类如何去消除战争？用更大的战争来对抗，还是从深层消除战争的根源？《战争，离我很近》中还有一个

“关键词”，在另外两篇文章中也都多次出现，那就是“爱”。鹿欢在上期文章中讨论了儒家的智慧，这一期主要讨论的则是犹太教和儒家思想的道德核心。作为衍生了世界上东西方文明的两大思想源头，无论“爱人如己”，还是“仁者爱人”，犹太教和儒家思想最核心的价值体系其实都源于“爱”这一个字：犹太思想用“十诫”之戒律要求人们善待他人、“爱人如己”；儒家用“仁、义、礼、智、信、恕、忠、孝、悌”来规范人的日常行为，要求“己所不欲，勿施于人”。两者皆因圣贤之先人洞察到了人的本性之中好战的一面、不善的一面。战争离我们很近，源于这一面人性没有得到有效的遏制。试想，如果人人都能做到爱人如己，秉承仁者爱人理念，那战争离我们还会近吗？客居都会被爱上的城市离我们还会远吗？

中国故事

编辑这期《美文》“汉风专刊”时，正值新春时节，整个中国甚或整个地球都在准备着、忙碌着、热闹着庆祝中国年。从电视新闻报道得知，不仅全球华人在庆祝，还带动着世界各地的非华人族裔参与进来，有的国家甚至将中国春节确定为“法定”节日，以后年年与华人一同放假、狂欢。这说明，中国的习俗已越来越多地吸引着外国人的眼球，中国的故事已被越来越多的外国人感兴趣，中国的文化也已越来越多地走向全球、融入了世界。

与这样的氛围相辉映，这期的稿件我们选发了目前在北京大学教书的美籍越南人阮富隆老师的《体验中国春节》，文中表达了作者女儿的出生给他本人带来的对中国春节意义的新认识、新理解。他说：“通过结婚生子，随着我和中国文化缔结加深，我也更深刻地感受并认识到家庭纽带的价值。说实话我也不知道怎么用语言来表达。我只能表示我期待着明年春节的到来，让我们的女儿能被远在故乡的亲人抱在怀里，搂在心里。虽然我们的女儿将与她的祖辈活在完全不同的年代，体验完全不同的事物，但是他们仍然血脉相承，心息相依：这是对中国新年又一深层的了解。”文中还描述了我们中国人习以为常的庆祝春节的方式在一个美籍越南人心目中的形象和脑海里的印象。另外，在文中作者还把中国的春节与西方的圣诞节做了比拟，他说："我一直知道春节是一个与家人一起度过的传统节日，就像西方人过圣诞节一样。但是直至自己有了家庭，我才真正感受到了与家人团聚的冲动。"确实，根据我个人在英国和美国数次过圣诞节的经历和感受，与家人团聚也是西方人圣诞节的重要意涵，如果是在北美，美国人和加拿大人的感恩节更是如此。

说到西方人的圣诞节，我们还特意在来稿中选编了澳门科技大学张志庆教授的散文《在澳门过"两节"》。其中一篇描述了中国人过圣诞"洋节"的感受，这个节日尽管是在回归后的澳门，但是也从某个特定的侧面反映了西方节日文化给澳门留下的印记。而且，作者对澳门圣诞节的描写，并不是赌城在圣诞节期间商业化的喧嚣、旅游业的热闹；相反，是寂静、是安宁、是和平，还原于"圣诞"的本初。作者写道："一个八九岁的金发男孩举着比他还高的十字架，和他身后的高大的牧师一起，唱着颂歌，庄严地从门口缓缓进入，走到祭坛前。只有一大、一小两个人理事，我想，也许他们是父子吧，就像当年马礼逊父子一起传教布道。站在那里，圣歌声中，我慢慢闭上有些湿润的眼睛。愿！愿世界平安，少一些天降的灾难，少一些人为的杀戮和伤害。愿学校平安！老师们、同学们平安！愿朋友平安！愿家人平安！"另一篇则是对澳门传统"鬼节"的描写，可以看到，尽管经受了葡萄牙长达一个多世纪的殖民统治，根植于澳门本土的中国文化习俗仍得以传承。

按照中国农历，今年是中国十二生肖中的猴年。那么，外国有没有十二生肖呢？外国人对中国十二生肖中的动物又是怎么看待的呢？生肖文化具有怎样的中国文化特征呢？埃及作者王笑的系列散文《埃及人眼中的十二生肖》就从埃及阿拉伯人的视角，触及并回答了这几个问题。本期是系列散文的第一篇，由于篇幅所限，只能刊登“鼠牛虎兔”，尚未谈到猴，但在随后的连载中，猴一定会“出现”在读者面前，并祝愿猴年大吉，让我们共同期待！

文学与文化

2002年6月，英国伯明翰大学的文化研究与社会学系被校方关闭，一时在文化学术界引起轩然大波，因为这所大学的文化研究与社会学系的前身正是大名鼎鼎的“文化研究”发源地——伯明翰当代文化研究中心，与德国“法兰克福学派”并称为“伯明翰学派”。而那时，国内关于“文学批评”“文学理论”研究对象内涵与外延的争论也进行得如火如荼。“谁规定了文学只是诗歌、散文、小说和戏剧?”“文学，随着时代的发展应该包括所有文化产品!”这样的质疑和论断，成为当时中文系课堂上掷地有声的话语。由此，“文学批评”和“文学理论”开始了“文化研究”的转向。

实际上，伯明翰学派的第一代领袖，基本上都是“文学出身”，他们的批评理论转向，开始于20世纪中期，随后经历了第二代和第三代领袖的时期。如今，第二代领袖中最为著名的斯图亚特·霍尔虽已去世，但他们所开创的“文化研究之路”并未穷尽——不管争论的结果如何，事实上很多文学研究者已经以“文化研究”的眼光和尺度开展“文学批评”和构建“文学理论”。

以上是从研究对象和研究方法上谈论“文学”和“文化”，其实就是将“文学”概念的内涵扩展到了“文化”，把“文本”的定义扩展到了所有可以“看见”和“阅读”的“文化元素”。除此之外，还有一种讨论“文学”与“文化”的视角，即“文学”是承载“文化”的方式之一。后一种讨论，也许又将“文学”还原到了传统的定义之中，但是这样做的现实意义在今天仍然非常突出。一方面，它杜绝了“无边的文学”，另一方面它为今天“中国文化‘走出去’”找到了“接地气”的真正“抓手”。近些年来，“人文交流”日盛，“中国文化‘走出去’”的声音高涨，但是，“什么是中国文化？”“让什么‘走出去’？”也是大家一直在讨论的问题。在我看来，中国饮食文化、中国酒文化、中国茶文化、中国功夫文化“走出去”，并不能代表中国的文化真正走了出去，而只有文学真正被世界所认识和接受，中国文化才算是走了出去。

这一期的《美文》“汉风专刊”所选用的来稿，包括埃及作者王笑系列作品的第二篇《埃及人眼中的十二生肖之“龙蛇马羊”》、俄罗斯作者索兰的《俄罗斯“九儿”的故事》和日本作者水谷勇气系列作品《中国“水”与日本“汤”》的第一部分。这些作品的表现形式都是文字文本，属于传统意义上的“文学作品”，却无一例外地承载了深厚的文化内涵。与此同时，他们文中提到的文学作品，也都承载了被这些外国作者接续的文化元素。

东方与西方

本期《美文》“汉风专刊”将把埃及作者王笑的《埃及人眼中的十二生肖》系列连载完毕，同时继续刊登日本作者水谷勇气的作品《中国“水”与日本“汤”》之二，与此相应，还刊载一篇写日本老人门墩儿情结的散文，作者是张维佳教授。

最初，我是打算将这期的目光从上期的俄罗斯跨越至地球的另一端美国和古巴的，因为美国和古巴近期恢复了外交关系，来稿中也有古巴作者的作品和中国作者描写美国、古巴的作品。然而，在我动手编辑这些稿件时，一个关于“方位”概念的讨论闪入我的脑海，即“东方与西方”。因为上期的隐形主题是“文学与文化”（我们的微信公众平台每期都会把隐形主题显性化），我决定这期讨论一下“东方与西方”的问题。

显然，这期所选的三篇作品都属于“东方作品”，因为中国也好，日本也好，埃及也好，都属于所谓的“东方”，然而这是什么人眼中的“东方”，或者说谁的“东方”？显然，这是西方话语主题的“东方”，中国是以自己为中心的国家，如果我们自己也称自己为东方，岂不滑稽？而实际上，以往大学里是将日语和阿拉伯语归入东语系的。正是有了西方话语中心，才有了“远东”“中东”“近东”之称。然而地球是圆的，如何定位东西呢？比如美国和古巴，到底是在中国的“西方”还是“东方”呢？

这个从未深思或以为是个简单到不需回答的问题，我第一次听到谈论却是在 2013 年首届“澳门论坛”国际会议上，现居印度的比利时学者魏查理教授阐述了自己对此问题的看法。随后，在 2015 年 12 月北京香山“东方与西方”国际论坛上，德国学者顾彬再次就此问题发起讨论。他说，“东方”与“西方”之称谓，源于俄罗斯沙皇时代有人对萌芽的资本主义的称呼，将与封建制不同的资本主义称之为“西方”，于是“东方”和“西方”变得与方位无关，美国是西方资本主义国家，日本也可以是西方资本主义国家，而脱亚入欧则是另一含义上的“西方”。顾彬教授自认为称西方国家也好，称资本主义国家也好，都不是褒义的，与此相关，他反对别人称他为西方人，他说他就是一个“德国人”。

篇幅所限，有关讨论在此不能深入，期待下期刊登关于美国和古巴的散文，不管这两个国家是在所谓的“西方”还是“东方”！

老人与海

按照上期专刊导读最后一段文字所示，本期《美文》“汉风专刊”将把目光从上期的所谓“东方”的埃及与日本，移至所谓的“西方”——地球的另一端的——美国和古巴。刊载中国作者王陌尘的系列散文《美国记事》中的两篇，和古巴作者乔治·路易斯的《存在、虚无、浪漫、绝望与〈伤逝〉》，配发加拿大籍华裔作者尹泰瑞的《古巴，我爱你》，与此同时继续刊载日本作者水谷勇气的作品《中国“水”与日本“汤”》之三。

政治事件或外交事务中能够把美国与古巴再次联系到一起的，一定是前段时间的两国复交和奥巴马携妻带女所开启的古巴“融冰”之旅。然而，对关心“文学事件”远远胜于政治事件或外交事务的我来讲，美国与古巴的复交却让我再次想起《老人与海》，想起因《老人与海》而获得诺贝尔文学奖的欧内斯特·米勒尔·海明威。在他 62 年的生命历程中，有一段时间是居住在古巴哈瓦那地区的，在那里至今保留着他的故居。这至少说明，无论美国与古巴如何“断交”，两国之间如何因制裁和反制裁而互生“憎恨”，古巴人民对伟大的文学作品、对伟大的作家仍然是无比尊重的。这同时也说明，文学可以产生巨大和不朽的文化影响力。

除诺贝尔文学奖外，海明威还获得过很多文学奖项，其作品被誉为美利坚民族的精神丰碑，所以美国总统约翰·肯尼迪说："几乎没有哪个美国人比欧内斯特·海明威对美国人民的感情和态度产生过更大的影响。"的确，海明威不仅在美国文学史上占有重要地位，在世界文学史上也有着巨大影响。可以说，海明威的名字和他的《老人与海》，中国人家喻户晓，尽人皆知，反而是他的一些个人身世和丰富经历并不为多数人所知晓。比如，近些年人们才开始了解和研究中国人民抗日战争时期，海明威曾与妻子一起作为美国记者来华并写下大量报道的经历。这也说明海明威对中国的影响首先是文学作品，其次才是其个人经历。他对世界上其他国家的影响也是如此。

到过美国旧金山的人，如果稍加留意，则不难发现在对当地气候的介绍中常常会提到海明威对旧金山的描述：我知道的世界上最寒冷的冬天就是旧金山的夏天。我在旧金山酒店的电视上就看到过引用海明威这句话对旧金山的气候特征所做的介绍，可谓入木三分、生动形象，让人一下就能够对照自己的感受记住旧金山的天气。的确，海明威在其作品中给世人留下了大量名言警句，这些名言警句作为今天我们所讲的"文化软实力"，其所具有的感染力和渗透力，是任何硬实力都无法比拟的，因为它可以沁人心脾、入人脑海。文学的力量是无穷的，海明威的名言不仅可以成为旧金山的旅游资源，也可以并且已经作为具有更大含量的文化资源被挖掘和利用。中国文化"走出去"，是否也应该寻找和挖掘类似的文学资源呢？

文化走出去　文学当先行

很长一段时间，英国伦敦经济学院亚洲研究中心的马丁·雅克一直非常火，特别是他在澳大利亚、马来西亚、新加坡等地关于“了解中国的崛起”的演讲，以及演讲所依托的著作《当中国统治世界：中国的崛起和西方的衰落》，曾红极一时。马丁·雅克认为，中国不仅是一个民族国家，而且是一个文明国家，所以民族的复兴就是文明的复兴。他还说，语言文字的区别实质上就是文化模式的区别，什么样的话语就代表着什么样的文化模式。读他的书，编辑这期“汉风专刊”，我很想接着前两期的“专刊导读”说：文化“走出去”，文学当先行。

文学是语言的艺术，是语言的最好载体，语言表达得好与不好，叙述得当与不当，只有通过语言所形成的作品来甄别。显然，用中国话语“讲好中国故事”，文学作品是最好的担当。中国文化如何“走出去”的问题，其实也是中国话语如何成为国际话语的问题。英文，成为世界上 1/4 人口使用的语言，成为国际事务往来的官方语言或世界通用语，成为举世公认的英国“软实力”，首先“得益于”其殖民时期的霸道推行，是其“帝国扩张”行为带来的，但是，谁能否认莎士比亚的功劳呢？可能除了历史书上的记载，人们不会再记得不可一世之殖民者的“大名”，但全世界一代又一代的人民，却始终记住了大文豪莎士比亚，记住了他经典作品的名字甚至其作品中人物的名字，而且世代传颂。在今天，坚船利炮式的殖民掠夺以及随之而行的文化侵略，早已被扔进历史的垃圾堆。当今中国的文化“走出去”之路，是在中国和平崛起的大背景下铺就的。和平之旋律，将始终伴随在中国文化“走出去”的道路上，而文学恰好就是一只飞在道路上的和平鸽。因此，文学是最好的语言载体，也是最好的文化载体，它博大精深，无所不包，理应先行。与此同时，既然如马丁·雅克所说，话语模式即是文化模式，中国的话语与西方相反是形象性大于抽象性的，而文学又是最好的形象表达方式，这也从另一方面提醒我们：文化“走出去”，文学当先行。

英国前首相撒切尔夫人曾经断言：中国不可能崛起，因为中国的文化模式与市场经济是不匹配的。然而，中国发展和崛起的事实似乎越来越深刻地证明其说法的荒谬。因此，我们更加欣赏以色列前总统佩雷斯对中国崛起的评价：中国走出了不同于西方的成功之路；也更赞赏美国前国务卿基辛格不凡的洞察力：中国有可能成为第一个和平崛起的大国。

本期“汉风专刊”刊载中国作者王陌尘的系列散文《美国记事》中的后两篇，和古巴作者乔治·路易斯的《存在、虚无、浪漫、绝望与〈伤逝〉》之二，与此同时继续刊载日本作者水谷勇气的作品《中国“水”与日本“汤”》之三。从这些作品都不难看出，文学在文化传播中的独特魅力。

读图时代

从本期《美文》"汉风专刊"选编的几篇来稿中，读者不难看出它们之间有一个共同的关键词或曰主题，那就是：电影。俄罗斯作者索兰的《前苏联〈办公室的故事〉》描述的是她从母亲那里听说前苏联电影《办公室的故事》在中国被改编成话剧后所引发的联想。美国著名华裔电影理论家叶坦教授纪念西影厂著名电影导演吴天明的文章《怀念吴天明》，则描述了作者以电影为因缘，与吴天明的生活和艺术交往过程。文化学者郑承军教授的《百鸟等您到天明》，也是追忆吴天明导演的散文。两篇纪念文章均感情真挚、动人，虽说是追忆和怀念逝者，却也洋溢着一般纪念文章难以获得的电影人"味道"。这种电影人"味道"如此"逼真"，仿佛呈于眼前……

与此同时，本期还配发一篇有关美国南卡罗来纳大学孔子学院通过建设中国电影中心促进中外文化交往和交流的短文，这类符合"汉风——孔子学院散文专刊"宗旨的短篇散文，也许可以成为将来专刊散文的一种类型。

说起将电影人的"味道"呈现于眼前，不免让人想起文学艺术理论中常用的"审美趣味"一词。而电影的艺术功能之一，就是把文学文字作品的"审美形象"或"审美意象"直接进行视觉的感官化，这通常被认为是文学艺术史上的一大进步。所以，在西方社会于20世纪五六十年代进入大众文化的“读图时代”之后，随着中西文化交流、人文交流日益频繁和丰富，中国也于五十年之后全面进入了“读图时代”——视觉艺术时代。

2016年7月11～15日，中国人民大学“神学与人文学”第十二届暑期研讨班“普遍主义再思考”召开，第一天的主讲人之一、英国格拉斯哥大学洛蒙娜·菲奥蒂雅德(Ramona Fotiade)主讲的题目是《一图胜过千言万语》，从此题目我们不难看出，图像在“读图时代”所具有的重要作用。诚如其所言，今天的人们已经离不开图像，然而离不开的东西就一定是好的吗？我参与了当天的讨论，并在她的演讲之后第一个发问：如果一图胜过千言万语，那么我们今天还要不要文学？其实，问题的答案在我的同事彭亚非研究员2011年出版的著作《读图时代》中早已给出：科技进步带来的“读图时代”是一把双刃剑。一方面，图像的优点是生动形象，信息量大；另一方面，这些优点扩大后就变成了它的缺点。图像过于浅显易懂，加上配乐、解说，大大降低了理解的难度。读者、观众只需被动接受，以往面对文字主动思索、进行再造想象的乐趣消失了。这不仅容易造成全民阅读水平的低下，还会造成民族想象力的弱化。因此，在我看来，越是这样的时代，越是需要文学。

当然，我这样说，并不意味着全盘否定电影的作用。事实上，电影也有分类，比如艺术类电影、商业类电影等。我们知道，法国电影一直坚持走艺术之路，在手法上不断创新，有着独特的艺术风格，而美国电影则多以商业模式取胜。吴天明，也是一位有着独特艺术追求的电影导演。

哈佛的精神魅力

从本期《美文》“汉风专刊”开始，我觉得有必要把每期专刊导读的隐形主题显性化，就像我们在微信公众号上所做的那样。比如，2016 年第 7 期的主题是“老人与海”，第 8 期的主题是“文化走出去，文学当先行”，第 9 期的主题则是“读图时代”。此前的几期，我在“专刊导读”中也曾集中揭示过各期主题，但以后就将各期用稿的主题思路向读者直接展现了。

本期三篇文章，两篇与世界最为著名的大学哈佛大学有关，另一篇其实也可以说与哈佛大学有间接关系，因为哈佛大学所在的新英格兰地区，正是想“复制”“老英格兰”，哈佛大学的建立正是新大陆移民想把位于英格兰的剑桥大学“搬至”新大陆。

刚好十年前的今天，我整备好行装，作为美国与中国政府合作的第二批博士后项目成员赴美深造求学，地球那端的目标学校正是哈佛大学。自那以后，我就真的与哈佛大学结下了不解之缘，不仅根据自己的经验推荐和帮助同事、同学乃至陌生学人进入哈佛大学，充分享受那里的学术资源，还一次又一次推荐自己教过和没教过的学生前往哈佛大学深造，并且把自己的亲身经历写成《阅读哈佛》一书交由北京大学出版社出版，与读者分享，希望对向往这一高等学府的学子有所裨益。此后，我几乎每天都浏览哈佛大学的主页，关注与哈佛有关的新闻和学术信息并将有用部分放到微信朋友圈。不仅如此，每隔两年，我都要亲自去一趟哈佛大学，至今一直没有中断，不为别的，只为去见一下给自己上过课的老师，看一下熟悉而又不时有所更新的建筑，感受其具有历史感和人文底蕴并且充满创新精神的气息和氛围。

我始终认为，这样的气息和氛围只有亲自去呼吸、去感受甚至去浸淫其中，才可能真正进入人的身体，进入人的内心，进入人的头脑，进而影响甚至改变人的思想和观念，靠没有亲身感受的传递，达不到置身其中的效果。反过来说，只要你去用心呼吸、用心感受、用心领会，哈佛大学总能既给你厚重的学术历史感、人文感，又能给你无与伦比的新鲜感，而这，就是哈佛的精神吸引力，哈佛的精神魅力。正是有了这样的精神魅力，才让莘莘学子和广大家长一代又一代对哈佛充满信任和期待，使得来自世界各个地方的想要受到最优质教育的人们对哈佛大学充满由衷的向往。

最近，媒体刊载了中国入世首席代表龙永图《从我送外孙女去美国谈谈中国的教育》，还有我的同事郭英剑教授发表了《为什么哈佛能培养这么多亿万富豪?》引起不少读者和网友转发。这一切，都无一例外地与哈佛大学无形的精神魅力有关。

“道”说

“道”的概念，在中国以及东亚文化圈中随处可见，道家以它为冠首之名，它是道家思想的源头和根本，但这并不意味着“道”仅为道家所独有。实际上，它不仅是道家思想的核心话题，也是儒家、墨家、法家等诸子百家以及随后传入中国的一些宗教在“本色化”之后，各自思想体系中的题中应有之义。

儒释道，在中国本来就是一个交叉交融的综合体，显示出中国文化的包容性与博大精深。一部《论语》，除了“朝闻道，夕死可矣”令人耳熟能详之外，还有多处用到“道”字。按照我的理解，“德”也是道的体现，所以“道德”同称。佛教讲究“万物因道生，得者自通灵，悟彻个中理，菩提不减增”。《圣经》之“约翰福音”第一章第一节就是“太初有道，道与神同在，道就是神”。这是“In the beginning was the Word, and the Word was with God, and the Word was God”的翻译，而且是被认可、被采纳最多的中文翻译。此“道”(大写 Word)作为神的话语，是最终极的逻各斯(Logos)，就是道家的“道可道，非常道”之“道”，就是“人法地，地法天，天法道，道法自然”之“道”。

此处的“自然”并非仅仅指外在的环境，应该是“自然而然”之“自然”，直白地说就是整个世界和整个宇宙运行的规律，当然既包括物质世界，也包括人文世界。人，作为整个世界中的微小物种，顺应大道则可昌盛，违逆大道则要灭亡，此亦所谓“得道多助，失道寡助”之谓的来源。

如此理解，“天道”一词也就顺理成章地建立了。《圣经》当中的“道与神同在，道就是神”，这个神就是基督徒的“上帝”，而中国人的“天道”就是天与道并列，所以“天”常常被中国人视作自己的上帝，如此也就有了所谓“天子”“天才”“天赋”之说，也就有了“天助我也”“道冠古今，德配天地”“帝德齐天”之说。如此这般，中国人的“天道”，也就有了与其他信仰群体所信奉的“上帝”“真主”“佛陀”等所共有的终极存在的意涵，只不过中国人的“天道”不同于“道成肉身”的其他信仰，没有直接把这个终极存在等同和幻化为一个“肉身之躯”，“幻化”为一个人的形象而已。也正因此，当我们说“天人合一”时，其实是在说“上帝与你同在”，是在说人懂得了“天道”，懂得了规律，懂得了哪些可以做，哪些不可以做，而不是在说人与作为环境的自然和谐相处。

本期《美文》“汉风专刊”所刊发的文章，皆为有“道”之作。《列王记》承载了波斯民族的爱与恨、正义与公平，是波斯文学的代表之作。伊朗作者阿里通过对《列王记》昨夜今宵的描述和评论，表达了面对当今伊朗的现实状况的联想和思考。叶隽先生对外公外婆的怀念，更是渗透人类最淳朴道德亲情的大作。“80 后”作家赵丽娜则用细腻文笔向世界问好，也展现了她对世界善恶、美丑、真假之“道”的观点与思考。

“语言”“文化”之辨

本期《美文》“汉风专刊”所刊发的文章，皆与“语言文化”或“语言政策”有关。一篇是突尼斯作者哈利德的《突尼斯的话语文化》，另一篇是伊朗作者阿里的《我们说波斯语》，再就是中国作者原理关于美国语言政策的一篇文章《“大熔炉”、“沙拉碗”还是“织锦”?》。由这几篇文章可见，世界各国都是非常注重语言的，无论是“语言保护”政策，还是“语言推广”政策。

“语言政策”显然也是“文化政策”，为什么这样说？我想从一所大学的更名说起，尽管有点调侃和滑稽的味道。

这是该大学官网上的介绍：“北京语言大学是中国教育部直属高等学校……创办于1962年。1964年6月定名为北京语言学院……1996年6月更名为北京语言文化大学，2002年校名简化为北京语言大学。”2002年，学校“简化”校名时，“没文化”一词就像后来的“土豪”和今天的“任性”“傻白甜”等词语一样流行，因此，在大学生当中就开始出现一个歇后语：“没文化”——打一大学新名称，也有人将这所大学称作“北京语言没文化大学”。于是，校方出面“正名”，称：不是改名，而是简化。接着，大学生们就又调侃说：“简化”掉的是“文化”，干脆把“语言”两个字也简化掉成“北京大学”得了……

这个看似搞笑的"更名事件"，不管背后有多少故事、多少讨论，至少表明人们对"语言"和"文化"的含义是有不同看法的。语言本位的语言学者认为"语言包含文化"，文化本位的文化学者则持相反观点，并以孔子学院建设为例，说明"加快汉语走向世界"战略是通过语言教学传播中国文化的战略。

我把自己归类为文化学者，因为长期从事的是比较文学与文化的教学与研究。我首先承认语言文字在人类成长史、文化史和思想史中所具有的无可替代的历史地位和所发挥的无可比拟的巨大作用，也不否认"语言"曾经代表"文化"甚至某种程度上或某个时期包含"文化"的观点。比如，以色列年轻的历史学家、人类学家、文化学者尤瓦尔·赫拉利在让其一举成名的《人类简史：从动物到上帝》中就将我们所有现代人的祖先——智人——的胜利首先归因于"语言"。也可以说，没有"语言"就不会有人类的今天。所以，有语言学家说，用中文"文明""文化"来翻译英语中的"civilization"本来就含有"用文字脱蒙昧至昌明，用文字化育蛮荒"之意。以上种种，我都是认同的。但是，在学科意义上讲，在当代的语境下，仍然认为"语言包含文化"就有点像说"鸡就是蛋，蛋就是鸡"一样让人无语。更何况，中国的语言学家们正在为"语言学"不是独立的一级学科而苦恼，正在为其像西方的"Linguistics"一样成为一级学科而努力，而孜孜以求呢！其实，许多学科都是从哲学中独立出来的，我们总不能说因为哲学曾经"包含"这些后来的学科，就将它们统统否定或"简化"掉吧?!

说“文”解“字”兼议“糗”

本期《美文》“汉风专刊”刊载的几篇散文，与“文”和“字”有关，也与中国传统文化有关。中国作家协会会员、诗人刘美松，早年创作成就颇丰，后来创办“字在”品牌，享誉海内外文化界，本期通过《从活字出发》为读者展开了“字”的天地、“字”的世界，他的声音是：“字在，国在，世界在！”

谈及文字，我的案头刚好放着武汉大学外语学院院长、法语研究专家杜青钢教授赠阅的一本《字行天下》。作者在“题记”中说：

> 仓颉造字那日，天雨粟，鬼夜哭，汉字通灵。在纵横交错的笔画里，潜隐炎黄的基因，暗藏人世密码，间或闪动西方神灵的光亮。

这是一部写测字的书，一字一故事，类似小说，远离迷信，作者无意纠缠真假识辨，只关注汉字的玄妙，看重华夏文化的博大精深，顺带解读中西文化差异，也怀揣了弘扬国学的良苦用心。

“天地玄黄”，以文为径。

一字出，世间丰姿多彩。

“文”与“字”作为中华文化的载体和器物，其重要作用自不必多言。与此相关，我们又编发了日本作者水谷勇气关于汉字“水”与“水灾”的文章。

还有一篇是中国武术协会会员贾文涛老师的《习武者说》。在贾老师看来，学文习武可以变化人的气质。上期导读中我曾经谈到，2016年，应各国师生和民众的需求，全球78个国家240多所孔子学院开设中医、太极拳等中华文化课程，注册学员3.5万人，18.5万人参加相关体验活动，受到热烈欢迎，孔子学院总部已与国家体育总局签署了关于开展太极和武术对外交流的战略合作备忘录。今年1月，习近平主席访问欧洲时也再次强调，中医、太极文化是中华民族的瑰宝和精髓，也是全人类的共同财富。1月底，中共中央办公厅、国务院办公厅印发《关于实施中华优秀传统文化传承发展工程的意见》，提出“丰富拓展校园文化，推进戏曲、书法、高雅艺术、传统体育等进校园”，“发展传统体育，抢救濒危传统体育项目，把传统体育项目纳入全民健身工程”的要求，特别提出“支持中华医药、中华烹饪、中华武术、中华典籍、中国文物、中国园林、中国节日等中华传统文化代表性项目走出去。积极宣传推介戏曲、民乐、书法、国画等我国优秀传统文化艺术，让国外民众在审美过程中获得愉悦、感受魅力”。

本期，我们还专门编发了一篇缅甸作者关于缅甸服饰文化的短文。缅甸语与汉语是同属于汉藏语系的亲属语言，它们之间有不少相同的地方。在《关于实施中华优秀传统文化传承发展工程的意见》中也谈到服饰文化，由缅甸服饰文化的介绍也许可以引发我们的进一步思考。

谈及“文化”，还想在这里略微谈下我对一个时期以来颇为流行的所谓“糗文化”的看法。之所以用“所谓”二字，主要因为我反对将这一现象称之为“文化”，我认为将之称为“糗事”可能更好。

《说文解字》载：“4473　米部：糗：米麦也。从米臭声。”作为形声字，就是“米”“臭”，听起来和看上去都不算太好的东西。网上对“糗”一字的词源学和用法解释也主要集中在了山东方言。比如：“面条糗了”“饭都糗了”。也用作复合动词，比如：“别鼓糗了！”“你在那里鼓糗什么?”是谁第一次将调侃、自黑、嘲讽、反喻、滑稽和黑色幽默与“糗”字联系起来，并作为“糗事”受到大量网民的“推崇”，由此迅速“红遍”网络，估计无法考证。就像谁首先使用“屌丝”指称“那一部分人”无法考证一样。但是，考察这些网络用语和“糗事”出现的语境，应该几乎是如出一辙。

从远处说，本世纪初学术界因为受到西方思潮的影响，曾经出现过一个时期的“大众文化”“亚文化”研究热，这个是随着英国伯明翰文化学派、德国法兰克福文化学派被中国学术界关注而在学术领域的反映。它的一个主要过程是精英文化—大众文化—流行文化—青年亚文化—次文化以及后来的 Lady Gaga 现象等等。在其他国家也有表现，比如韩国的“鸟叔”，那种骑马蹲裆式的“韩潮”以及 K-Pop 等。从近处说，前些年先是有“水煮”“戏说”“大话”文学名著的所谓“新风”，其实，文学名著是一个国家的经典，是文化的重要标志之一，不应因为“大话”和“戏说”使其失去“崇高感”。这之后，就开始大量出现不雅网络用语，而且在大学校园相当流行，比如“屌丝”“逼格”“蛋疼”“泡妞”之类。这种网络语言低俗化现象在校园的影响极大，来华留学生们也常常以使用这类语言为时尚。如果传统媒体没有严格把关,任由低俗网络语言“倒灌”“绑架”,那么必然会对汉语传播教学造成不良影响,也会干扰外国学生对中华文化的正确认识。

习近平主席曾经讲过,要“去低俗,远庸俗,不媚俗”,虽然不是针对文化传承传播讲的,是针对干部作风的,但我认为用在分析文化问题上也很贴切。所谓的“糗文化”虽不能一概而论归为低俗和恶俗,但它一定不是一种主流文化,也不是雅文化。甚至,对这类“糗事”冠以“文化”一词也有不妥,是对“文化”一词的误用。好像给“糗事”进行了“遮羞”,加上了光环。因为,文化,最初是以文字进行化育的意思,所以原来村子里识字的人就是“文化人”,后来经过词义演变,内涵虽然扩大了,但也没有失去“文明”“化育”之意。我们今天讲“文化自信”,是对中华民族的优秀文化、经典文化和主流文化保持自信。如果给“糗事”也冠之于“文化”,成为“糗文化”,会让人对“文化”一词产生误解。

学以成人

◎人性化
◎自然中的人
◎崇洋媚外何以发生?
◎汉语国际教育之殇
◎文化自信的辨证
◎学以致用
◎实用主义
◎侨易的世界
◎国学与汉学
◎智慧中国
◎生与死
◎君子的义利观及其他

人性化

大约在10年前，“人性化”一词非常流行。比如，“人性化设计”“人性化服务”“人性化管理”“法律人性化”“教育人性化”，等等，几乎成了当时人们的“口头禅”。当然，那时的所谓“人性化”之风可能最多还是“吹”到了服务行业的面孔上，希望人们能够通过“人性化”的服务，而具有“春风拂面”的获得感。如若联系到文学和艺术，难免会让人联想到更早之前的20世纪80年代，在文学理论及文学批评的学术领域曾经引起热烈讨论的“人性”和“人道主义”等有关“人”的问题。毕竟，那时“文学是人学”的命题早已真的是入教材、入人心、入头脑了。

然而，既然“文学是人学”，那么文学艺术描写人性、关注人性，体现人道主义或曰人文关怀，表达人的道德和审美诉求，本来就应该是文学艺术作品的题中应有之义，为何会引发学术界如此热烈的讨论呢？这一方面与当时大的时代背景有关，另一方面也与人们对“人性”和“人道主义”的理解有关。

中国国际广播电台（CRI）“轻松调频”（EZfm）有一则公益广告，内容大致是说韩国人的每年平均阅读量是11本，法国人20本，日本人40本，以色列人60本，而中国人只有4.3

本，为此，中国国际广播电台还专门开办了“美文阅读”栏目，周一到周日每天播送，旨在提高中国人的阅读兴趣。在我看来，国人阅读量不及上述国家的一个重要原因是教育的失败造成的。道理很简单，因为我们可以看到，很多中国人在学龄前还是爱听家长讲故事、爱读书的，但到了上学的年龄就开始出现比例惊人的厌学现象，即使不是厌学，至少也是厌恶读书，进而并没有在学生阶段养成良好的阅读习惯。学生时代迫于压力的“不得不读”以及“应试阅读”曾经带给他们刻骨铭心甚至望而却步的印象。如此，当他们一旦长大成人，能够自由选择的时候，就会迅速远离必须读书才能生存的“领域”。此时再呼吁找回阅读的快乐，谈何容易？这一点，也可以从最近网上流行的一篇文章《我们欠学生真正的阅读课》来得以印证。这篇文章的作者是南京的一位中学语文教师、江苏省特级教师，他在文章中分享了自己在美国为期半年的访学期间对美国语文教育、阅读教育课堂的观察与思考。他认为，我们的课程也应该把真正的阅读还给学生，特别是从小学和中学时代就要培养他们对阅读的兴趣，让他们懂得真正的阅读可以让他们受益终生。

在我看来，我们的阅读教育就没有真正做到“人性化”，如果真正做到了，中国人的阅读兴趣从娃娃时期就能培养起来。因为尽管每个时代都有符合时代步伐的价值，但人性当中有一种始终如一、亘古不变的东西，那既是维系人类生存的要素，也是推动人类前行的力量。这种人性，就是在人身上永远也不可泯灭的爱！因此，越是贴近人性价值的教育就必然越具持久性和永恒性，无论怎样的时代概莫能外。急功近利的价值教育也许一时可以在年幼淳朴的心灵建立起膜拜的天塔，但成熟后认识的反差，要么是把个体的人推向解构天塔的一边，要么是个体的人因反差太大而产生心理或思想病痛甚至走向自我摧毁。

自然中的人

本期《美文》“汉风专刊”集中发表的散文包括:美国著名自然文学作家巴里·洛佩兹的《北极梦:对遥远北方的想象与渴望》,越南著名文学评论学者陈氏海瑛的《浪漫主义在越南》,加拿大籍华裔作者尹泰瑞的《“南美”有多美?》。陈氏海瑛在文中说:“浪漫主义者以不同寻常的审美感悟来赞美自然、欣赏与崇尚自然,表示融入自然、与自然和谐统一的渴望,体现了朴素的自然观。深受中国文化渊源与中国唐律山水田园诗歌的影响,越南浪漫主义者自觉地渗透着中华文化遗产‘天人合一’思想,在诸多创作中表示向往与自然万物相交、和谐、融合的美妙境界。”尹泰瑞文中第一个故事讲的就是人与自然如何相处的故事,并说:“厄瓜多尔是世界上第一个把大自然权利立法的国家,这一点非常了不起!”而巴里·洛佩兹的散文从题目就能看出,它的内容饱含对人与自然关系的描写。因此,本期导读的主题即为“自然中的人”。

上期导读《人性化》中既然谈到了人性化,而人性化的中心是以人为本,那么自然又应当处于什么样的位置呢?理论界对此问题也有争论和探讨。记得15年前当“生态文学”“生态批评”的观念刚刚进入中国文学评论界之后,时任山东大学校长的曾繁仁教授曾发表一系列建构当代中国新文论体系的生态美学文章，对西方美学从“上帝中心”到“人类中心主义”进行了分析，初步提出“生态中心”的理念。随后，复旦大学朱立元教授提出商榷意见，认为文学既然是人学，人就是中心。在改革开放之后，中国用了几十年的时间刚刚建立起对人的尊重和人性的尊严，刚刚恢复人性化和人道主义的文学观，特别是刚刚建立起主体性的文学理论，这种情况下，来提倡“生态中心”，是否意味着忽视人、忽视主体，太过强调客体？也有学者从另外的角度提出了中和意见，即现代学术已经进入了“去中心”时代，一切宏大叙事都将被解构，所以任何“中心之说”皆为不合时宜，不如既不以人为中心也不以生态为中心，而是重提“人与自然和谐相处”。这个说法似乎得到了双方的认可。曾繁仁教授在随后的著述和学术活动中开始主张一种“生态圆融论”，并对中国传统文化中的“致中和”思想理念甚为欣赏。其实，在我看来，人性化不仅仅包括对人的尊重和关怀，也应当包括对外在于人的自然界的尊重和关怀，充满了人情味。提倡了高尚的人文精神，也就是在与所有群体或个体之外的“他者”之间创造一个温馨、和谐、舒适的环境，以便更有利于人的生存和发展。人善待他人、善待自然、善待“他者”也是为了让人生活得更好，并且具有可持续性，这是更大的人性化，也是更大的爱。

在这方面，美国一位非常著名的生态批评学者的观点非常值得关注。他认为，人类作为自然世界的一部分，与整个自然的其他方面始终存在一种“动态均衡”的进程，这是一种没有专属于人类特权条件的“动态均衡”，是由生物圈中每一个存在体参与和互动的“动态平衡”。人与其他生物从未保持过一种不变的“姿态”，而是在不断地从一种不平衡状态走向另一个方向的不平衡。每一次变化、维持和复位，都有难以预测的反响和结果，这些反响和结果都需要我们通过文化和经济活动的改变来进行处理和矫正。作为进化的产物，我们并非一个终结的存在，不像一个完成的商品被放在货架之上等待售出，等待消费。我们应该把自己更多地理解为一个更大的多元生物进程环链中的进程之一，而相对于更小的生物进程，我们又是其更大的多元生物进程环链。我们生活在一个生态系统中的同时，细菌、寄生虫和病毒生活在我们体内，也生活在它们自己的生态系统中。

崇洋媚外何以发生?

这个题目,我只是提出问题,并不打算在下面的文字中回答它。

写作这期导读时,著名德国汉学家顾彬教授前年冬天在一次国际会议上的发言,时不时萦绕在我的脑际。顾彬教授发言的题目是《"走出去"为什么会失败?》顾彬教授是国际汉学界的名人,常常语惊四座,这次也不例外,从题目就不难看出。在发言中,顾彬教授说,中国人翻译的德语书籍,"走出去"到了德国后,往往堆在一边,落满尘土,根本没有人看。要么被视为垃圾,要么被拒绝收取。在德国如此,在英国、法国、意大利、美国和其他国家恐怕也都一样。与此相应,如果是德国人自己看上的东西,德国人翻译过去的作品,情况就会大不一样。总之一句话,德国人相信"自己人"。无独有偶,叶海亚,这位把徐则臣和刘震云、曹文轩等众多中国著名作家的作品翻译到阿拉伯世界的埃及学者,也曾跟我讲过类似的情况。他认为,阿拉伯人更了解阿拉伯人自己的文化和精神需求,所以"自己人"选择和翻译的中国文学作品和文化产品就更受到阿拉伯世界的认可和欢迎。除了欧洲、北美和阿拉伯世界,如果稍加留意我们也不难发现,其实这样的情况在韩国、日本也很普遍。

中国，若不惮望文生义之嫌，其意乃中心之国。纵观悠久历史，我洋洋中华大国得其名，虽稍有“自高自大”和“自我中心”之傲，但更是自信！这种自信使我强大富庶之时亦不穷兵黩武，亦不好勇斗狠，亦不拓疆扩土，而是以和为贵，和平至上。明朝初年的中国，无论从农业、工业的生产技术，商业人口的兴旺，城市生活水平，文化的精致程度，或是军事力量，都毫无疑问是居全世界第一的。郑和下西洋的主要任务和目的：第一是树立明朝政府的威信；第二是与海外各国交往，这个交往的态度和诚意远非后来西班牙、大英帝国的殖民扩张所能比；第三则是寻找建文帝的踪迹，联络帖木儿汉国，并抑制鞑靼和瓦剌的势力。明太祖曾经告谕官员：“海外蛮夷之国，有为患于中国者，不可不讨；不为中国患者，不可辄自兴兵。朕以诸蛮夷小国，阻山越海，僻在一隅，彼不为中国患者，朕决不伐之。”可以想见，这是怎样的一种自信！

在随后的19世纪，欧洲发生了一系列变革，使得20世纪成为欧洲的世纪。欧洲列强的坚船利炮打开了当时积贫积弱的中国的大门，使其铁蹄踏进了中国的土地。与此相伴，其观念、思想和精神体系，也在一步步侵入。口是心非的列强，一方面进行着黑心的鸦片贸易，一方面还嘲讽中国人“一盘散沙”“东亚病夫”，细细品味，这是多么歹毒的“交往”，是什么样的“每个毛孔都流着血和肮脏东西”的“贸易”?！另一方面，彼时的中国土壤和语境中，也确实滋生出一批崇洋媚外、挟洋自重的“洋奴”，而且这样的“洋奴”还不仅仅是行为上的，更为可怕的是精神上的、思想上的。今天，西方人又不怀好意地使用各种伎俩，要么挥舞“中国威胁论”的大棒，要么演起“唱衰中国”的大戏。历史告诉我们，仍然要警惕。与此同时，历史上衍生下来的“洋奴”心态也还远未消失殆尽，“外来的和尚会念经”和崇洋媚外、挟洋自重的情形和现象也还不时发生，某些时候甚至还有可能甚嚣尘上地占据主导地位。

无需重温拿破仑、泰戈尔这些历史名人的断言，当代人其实可以明晰地看到，21 世纪必然是或者说已经是中国的世纪。20 世纪末，75 位诺贝尔奖得主曾在巴黎呼吁：“人类要生存下去，就必须回到 25 个世纪之前，去汲取孔子的智慧。”我们没有理由不相信自己，没有理由不对中国的今天和未来充满道路自信、理论自信、制度自信和文化自信。文化“走出去”，从自信和“信自己”开始。

汉语国际教育之殇

今天的汉语国际教育走过了极为艰难的不平凡之路，汉语国际教育之殇是多重的。

20 世纪，老一代的“对外汉语人”为了让“教外国人学汉语”成为一门学问、成为一个学科，曾经奔走呼号、磨破嘴皮甚至付出毕生精力和生命代价。毕竟，在当时社会上大多数人看来，只要会说汉语普通话就能教外国人。如果你告诉人家，你是教外国人学汉语的大学教师，多半会遭到人家的嘲笑。

在学科上，“对外汉语”作为中国语言文学下的一个二级学科是否成立，前前后后也争论了若干年。反对的人甚至提出较为滑稽的理由，说“对外汉语”这个汉语概念本身就不成立，难道还有“对内汉语”吗？面对这样的质疑，人们似乎难以找到合适的话语进行回应，只好不厌其烦地进行解释。解释的内容之一就是：教英语作为第二语言的人学习英语，在英美国家的大学早已是一个专门的课程（TESL），而且他们还有专门的组织和机构，如今的教学对象早已不只是将英语作为第二语言，可能是第三语言或第四、第五语言，而“TESL”早已深入人心。“TESL”的中文翻译虽不是“对外英语”，但大致意思是相当的。如此，“对外汉语”在学科意义上当然也是成立的，可以是汉语作为第二语言进行教学，也可以是对母语非汉语的人教授汉语。然而，费尽口舌的最终结果也只是在“中国语言文学”一级学科下的二级学科“语言学及应用语言学”研究方向中增加了“对外汉语教学”（亦称“三级学科”）。后来又在“教育学”之“课程与教学论”中设立“对外汉语教学方向”。这虽然还不足以体现对“对外汉语”已达到应有的重视，但对“对外汉语人”的努力亦不失为一个小小的安慰……

历史进入新的时代，随着我国国际地位的不断提升和国际交往的日益广泛，海外学习汉语的热情不断高涨，传统意义上以“请进来”为特征的“对外汉语”已逐渐发展为以“走出去”为特征的“汉语国际教育”。适应新形势需要，10 年前国家汉办将此归纳为“六大转变”：一是发展战略从对外汉语教学向全方位汉语国际教育推广转变；二是工作重心从“请进来”学汉语向“走出去”教汉语转变；三是推广理念从专业汉语教学向大众化、普及型、应用型教学转变；四是推广机制从主要靠教育系统推广向政府、民间、国内外多种机构组织共同合作推广转变；五是推广模式从政府行政主导为主向政府推动、加强市场运作转变；六是教学方法从纸质面授为主向多媒体和多样化教学转变。伴随着这六大转变的需求，海外孔子学院在世界各国设立并产生重大影响；与此同时，我国学位与研究生教育制度也发生重大变革，注重应用型人才培养的专业学位成为硕士研究生教育的主要目标，以培养“对外汉语”师资为导向的汉语国际教育硕士专业学位应运而生，许多高校在本科设立“对外汉语”专业的基础上，相继设立汉语国际教育硕士专业。

然而,随后的十年间,汉语国际教育在看似得到了顺利发展的可喜成就背后,同样伴随各种伤痛和辛酸:第一,社会上对专业学位不理解不认可,认为专业学位是不被用人单位接受的"非学历教育";第二,因为多数汉语国际教育硕士专业学位的获得者是女生,除却性别歧视之外,很多用人单位往往囿于惯有学科思维,因不了解"汉语国际教育"而用"所学专业不对口"为由,将大批毕业生拒之门外;第三,早期在海外开办汉语培训和补习学校的人认为孔子学院"砸"了他们的"饭碗","抢"了他们的"生意",从而对孔子学院心存反感甚至敌意;第四,海外反华势力对孔子学院恶意中伤、捣乱和破坏……以上种种问题或许都已经引起足够的重视,或许假以时日会逐步缓解和改善,但是,新的更深层的观念问题的解决恐怕仍需要一个或几个十年,而且,这其中也还会有新的问题不断涌现。比如,我注意到国内国外分别有一个对汉语国际教育"杀伤力"非常大的现象:海外的一些培训机构,由于受根深蒂固的观念影响,不把汉语国际教育看作一个跨学科、跨文化、跨语言的综合教学体系,从而把训练教学对象"说一口流利的汉语"作为最终目标,把汉语教学"低端化",致使汉语教学始终停留在没有文化内涵的低端水平,这将留下很多后患;国内的一些培训机构,由于同样的观念在作祟,把汉语国际教师"低端化",这样的机构往往舍得投入上亿资金建校舍、买硬件,往往付给外语教师高额的课酬,却只给科班出身的汉语国际教育教师不足外语教师三分之一的课时费。兴许,走过 10 年之后,我们应该思考新的更高端的汉语国际教育转变。

当然,相关的问题还可以列举许多,这均说明,汉语国际教育走到今天,可谓伤痕累累。大约也是 10 年前,国家汉办主任许琳曾顿足发问"突围之路"到底在哪里?经过了又一个 10 年,汉语国际教育事业虽突出重围并渐成规模,但是其前行之路仍障碍重重、迷雾漫漫。这促使我思考后决定,在专刊连载完 10 篇"汉风《水浒》"之后,设立"汉风人物"系列,以让更多人了解汉语国际教育和孔子学院事业。

文化自信的辩证

前面多期《美文》"汉风专刊"导读均与"文化自信"这样一个主题有关，无论是直接使用了这样一个词语，还是并未直接使用。比如《文化走出去，文学当先行》《"语言""文化"之辩》《"拿什么奉献给你?"》《崇洋媚外何以发生?》以及《汉语国际教育之殇》，等等，都反映出有关"文化自信"的问题：什么是文化自信，什么样的文化才能自信，怎么走出一条文化自信之路?

仲呈祥，文化名人，中央文史研究馆馆员，中国文艺评论家协会主席。从20世纪90年代初期，我就经常当面聆听仲呈祥先生的发言。面对当前国内的文化环境，面对客观存在的文化问题，仲呈祥先生在出席各种学术会议时，旗帜鲜明地提出，无论是个人还是集体，都应当认清楚并处理好文化领域的三种关系，这即是他的为人们所熟知的"文化之辩"。最近，有一段仲呈祥先生的讲话视频在网上广为传播，这是一档电视节目的录像。仲先生在节目中说，他的成长过程中，引领他前行的、给他精神能量的文坛领袖是"鲁郭茅""巴老曹"，改革开放后又有文坛著名学者钱钟书等。但是，前几年，党的"十八大"前的相当一段时间，人们的文化偶像、一个民族的文化偶像不再是这类大师了，而是变成了小品演员，造成了当代文坛精神领袖与过去的极大反差。他说，究其原因，是因为文化上不是自信而是自卑造成的，是逼着文化去赚钱造成的。仲先生进一步举例说，过去是“文化搭台，经济唱戏”，文化仅仅被看作了手段，经济、赚钱才是目的；而今天，我们要把这个颠倒过来，变成“经济搭台，文化人来唱戏”，这样做我们的文化就自信了，文化的腰杆也就硬气了。

仲先生所批评的“文化现象”确实是事实，他的观点我都非常赞成。但是，如果他能辩证地说明造成这种现象的过程和原因，同时肯定经济发展对文化自信的作用，兴许会更有说服力。《管子·牧民》有言：“国多财则远者来，地辟举则民留处。仓廪实而知礼节，衣食足而知荣辱。”马克思主义辩证唯物论也提出“经济基础决定上层建筑”的理论学说；中国在改革开放初期也正是在回顾中国革命的整个历史的基础上才提出“落后就要挨打”的警示；在人权外交领域，也提出“生存权才是最大的人权”的观念……中国，只有在经济发展取得巨大成就之后，在广大人民群众的物质生活得到充分保障之后，才真正有可能让文化更加繁荣和富强，才能真正建立起文化自信，才真正有可能让文化“走出去”，走得更加坚实。习近平主席指出，人民对美好生活的向往就是我们的奋斗目标！党的“十八大”以来，中国人民的物质和文化生活得到了极大的丰富和满足，在“中国智造”昂首阔步走向世界的同时，中国文化也在自尊和自信中走向世界。孔子学院之所以能够在这样的时期受到世界的广泛欢迎，成为中国文化甚至代表中国的一张靓丽名片，也得益于中国政治、经济、文化、外交等多方面实力的不断增强！

习近平主席还曾说：既要金山银山，也要绿水青山；绿水青山就是金山银山；绿水青山既是自然财富，又是社会财富、经济财富。他还说，要让城市融入大自然，让居民望得见山，看得见水，记得住乡愁。这些讲话都体现了辩证的思维，就是要提倡在重视经济财富的同时，不要忘记生态文化建设，要重视和处理好经济和文化之间的辩证关系。全面看待经济发展与文化自信的关系，同样需要马克思主义辩证唯物论的方法和观点。经济基础和上层建筑的关系是一种辩证关系并相互作用。也就是说，应该在抓经济建设的同时，也抓好文化建设，二者均不可偏废。仲呈祥先生所指出的现象之所以发生，就是因为过去一段时期人们一味去追逐经济利益，而忘记了文化的作用，忘记了同时要注重精神层面的文化建设。今天，我们在抓文化建设、促进中国文化走向世界的过程中，当然也不应忘记经济基础所应起到的重要作用。只有这样才能真正建立起一个民族的“文化自信”！

学以致用

理论源于实践，又高于实践，指导实践。不仅如此，理论不是摆放在书架上的“物品”供人欣赏和把玩的，而是要在实践中被应用，被实践所证明和充实，能够解决现实生活中的实际问题。不解决实际问题，不能在实践当中应用或不能指导实践的理论，不管逻辑上多么自洽，也只能属于无用的“理论”；与此同时，理论在指导实践的过程中还要与时俱进、因地制宜，还要不断进行发展和完善，才能成为科学的理论，有生命力的理论。

一生精研东方学和中西文化交流史的季羡林先生，生前在接受电视媒体采访时曾强调学术研究的实用价值。他说：学术如果对国计民生无补，这样的“学术”就没有多大价值，而且浪费人们的精力和社会的资源。其实，有些哲学道理，如果用简单的生活例证来解释，会比其本身更有道理，更生动，更有说服力。2009 年我曾著文《呼唤哲普》，意思是说，科学有深入浅出的科普活动，哲学也应该有通过形象和简洁的表达而让公众“心领神会”的哲普活动。在这篇文章当中，我曾批评学界把中文专业的博士论文做成哲学论文的现象：哲学，不应该仅仅是经院里谈论的话题，应该走进百姓。如今的学术界，似乎把哲学放到了天上，而且，中文系的也跟着凑热闹。翻翻这些年中文系的博士论文,不知有多少都写成了哲学论文,似乎不这样就不够高深,不够高深就不够难懂,不够难懂就显得没有“学问”。岂不知,这学问若不是要被大众看懂的,不是为人类服务的,那它还有什么价值可言?不但没有价值,而且,真理一旦成为少数人的奢侈品,还会相当危险。

也是在2009年,我国大力推行专业学位制度,并且把当年称为“专业学位年”。专业学位,不同于我国以往的学术学位之处,在于其注重实际操作技能即实践技能,注重学以致用,以培养复合型的应用人才为培养目标。这样一个改革和定位,是非常符合我国人才培养实际状况和社会对人才的实际需求的。尽管目前所设专业学位尚未覆盖“文学创作”和“文学理论”,但在文学领域有一个现象或“说法”可以较为直观地表明专业学位和学术学位培养目标的不同,即多数作家没有拿到过博士学位,而拿了文艺理论博士学位的人多数成不了作家。再就是,学了汽车原理的人,如果没有驾驶经验,未必能做汽车教练员,甚至未必可以驾车上路;花费三年或者更多时间学习了深厚的翻译学理论,甚至可以自成理论体系的人,未必能够成功地翻译莎士比亚的作品;取得教育学硕士或博士学位的人,未必能够站好中学生的三尺讲台……

实践出真知,但也并不意味着理论并不重要,理论与实践之间也是辩证之关系。汉语国际教育,作为我国第一批设立的专业硕士学位之一,理应重视教学技能的训练。但是,也有从事语言学及应用语言学研究的学者指出,目前的汉语国际教育硕士研究生普遍存在轻知识理论学习、重教学技能的倾向，严重影响到培养对象的知识结构和培养质量的提高。坚实的理论基础知识，是确保学习者将所学知识转化为教学技能的必要条件，急功近利思想不利于研究生的专业知识基础的牢固性，影响其在将来的职业生涯中的可持续发展。这些专家还就此建议，在课程教学和论文指导中适当保持理论知识和教学技能的平衡关系，严格把关论文质量标准。论文选题要慎重，调研报告类论文选题的调查对象必须有代表性，不能只选取一个点取得研究数据，教学案例分析、教学设计、实验报告等技能类论文必须有一定的理论支撑，而且研究结果具有可靠的实用价值。北京语言大学出版社2012年出版的《对外汉语：理论与实践》算是对这一领域有关问题的一个总结。

实用主义

不知从何时开始,“实用主义”成了一个贬义词,不仅用来指责个体的人太过功利或利欲熏心,比如说某个人“无利不起早”就会说这人是实用主义者;也用来批评群体的大众追求时效和实际利益,比如有学者就说中国人的信仰是实用主义的。实际上,指责太过功利或利欲熏心的人实用主义,有点分量不足,力度不够——这样的人岂是一个“实用主义”所能指的?而批评大众追求时效和实际利益为实用主义,又有点过火,用力过猛——人民群众追求获得感,有实实在在的利益需求难道不是人之常情?总而言之,应该多维度、多层面理解哲学上的实用主义,而不是把实用主义哲学作狭隘理解,然后又将其泛化应用于日常生活。

实用主义哲学,尽管是在20世纪的美国成为主流哲学思潮的,而且其代表人物都出生于美国,它的活动中心也一直在美国,但是究其历史根源是离不开英法实证主义哲学的。实用主义的最重要特点正在于把实证主义功利化,强调现实生活、付诸行动和实际效果,并且把经验和实在都等同于行动的效果,把知识视作行动的工具,又把真理归结为有用、效用或行动的成功。其根本纲领就是把确定信念作为出发点,把采取行动当作主要手段,把获得实际效果当作最高目的。在20世纪40年代以前，实用主义在美国哲学中一直占据主导地位，甚至成为美国的半官方哲学。在西方其他国家还曾出现“回流”现象，并被英国和欧洲大陆所发扬光大，比如在英国就曾出现过以席勒为代表的实用主义运动。因此，当我们回望老牌帝国主义国家英国的发展历史时，有学者就一针见血地指出，作为资本主义之祖庭，英国是真正奉行利益至上原则的国家。无论王权主权、主义道义，只要价格合理一切皆可交易，并举例说国教改革、君主立宪、鸦片战争、敦刻尔克、香港回归、(苏格兰)公投、脱欧……乃至今天积极建立孔子学院、助力“汉语热”、资助年轻国民学习汉语，莫不出于功利考虑。兴许，这也正是英国为什么能够成为唯一一个不让曾经的辉煌变成心理重负的超级帝国的原因。再看今天的美国，特朗普之所以能够当选美国人的总统，也许很大程度上在于其“实用主义”(这个地方我需要加上引号)的内政外交竞选口号：“利益第一，美国第一，美国利益第一！”

在《汉语国际教育之殇》发表之后、《学以致用》写作之前，曾与台湾大学林耀福先生交流汉语国际教育理论与实践的心得。林耀福先生早年毕业于台湾大学外文系，在学期间与白先勇、王文兴等同学共同创办《现代文学》期刊，后留学美国明尼苏达大学，取得博士学位，专攻美国文学与思想。随后，历任台湾大学外文系系主任、台湾大学文学院院长、淡江大学外语学院院长以及台湾的英美文学学会理事长、美国研究学会理事长、文学与环境学会创会理事长等职。创办《生态人文主义》学报，倡议并协助推动“海峡两岸生态文学研讨会”。这些成就之外，林先生在50多年前曾经在美国读过TESL（英语作为第二语言）的硕士学位，对外语教学有些认识与经验，后来在台大也曾有推广中文教育与翻译的构想，并曾经过异常的艰辛，成功收回了美国人在台大的“史丹福中心”（斯坦福中心），改设台大“国际华语研习所”（ICLP），由台大自己管理。他也曾介绍说，最难受的是，你教美国人中文的待遇，不及美国人教你英文的一半。当时努力想提高ICLP老师的待遇和工作保障，但总是困难重重。谈到英语教学的兴起，林先生认为这跟文化、政治、经济、军事霸权息息相关，但它面临的困境，也跟另一种霸权有关，即学界里的理论霸权。林先生认为，一般而言，应用学科都面临相同的困境。生态批评虽是跨领域，但因兴起于危机环境，其道德性、目的性、实践性相当明显，或许也可以说实用性强过理论性，便受到理论界的歧视，逼着它往理论的方向移动。林先生的评论是因汉语国际教育这样一个实践性非常强的学科而引发到包括生态批评在内的应用学科的，我赞赏林先生观点，甚至更进一步。如果与上期《学以致用》相比照，我不仅认为应用学科理所当然要注重应用与实践，理论学科也应该重视其应用价值，把它应用到实践中去才有意义。就此而言，我们是否应该多来些“实用主义”？！

侨易的世界

《美文》“汉风专刊”曾经发表同济大学文学院院长、留德、英、法回国青年学者叶隽撰写的一篇《怀念外公外婆》的散文，在这篇文章的文末，叶隽教授写道：

> 每个个体，都难免其在大时代下挣扎的命运。祖父如此，外公亦复如此。他们的生命历程，都是渺小的，在大时代的衬托下，显得那般的微不足道。我常在想，如果没有我的记录和思考，他们的生命史是否必然就如同秋日里凋零落下的一片孤叶，孑然而来，寂寞而去，不会在大历史中留下任何星点的丹青痕迹？可当我听到这样的生命史阐述时，我却怦然心动，不仅是作为个体的同情心与感伤怀，也还有史家意识的自觉和触动。

出于对叶隽教授学术的了解，当我读到此处时，我感受到的是，这篇怀念自己外公、外婆的散文，乃其治学写史学术思路的延展，是从以往传统的学术史、思想史和生命史上的名人、大师，延展到其中的无名小辈，再延展到最为普通的生命个体；从宏大叙事、重大建树、伟大历程延展到普通而又普遍的情怀、心路历程甚至生活细节……

叶隽《怀念外公外婆》这篇散文的作者介绍中这样说：

> 同济大学人文学院特聘教授，文化史与文化哲学博士生导师。曾在英、法、德等国学术机构做研究。专著有《变创与渐常——侨易学的观念》《德国学理论初探》

《异文化博弈》《主体的迁变》《另一种西学》《歌德思想之形成》《歌德学术史研究》等；学术随笔集有《大学的精神尺度》《时代的精神忧患》《中德文化关系评论集》等；主编有《中德文化丛书》《民国学术丛刊》《留学史丛书》等；合译有《教育与未来》等。学术兴趣现集中于德国古典文学、知识史与侨易学等。

这份学术介绍中，有几处提到“侨易学”，而“侨易学”也是最能集中代表和体现叶隽教授学术成就的一个术语。那么，什么是“侨易学”？

“侨易学”的基本理念是因“侨”而致“易”，前者强调空间维度的整合，后者关注时间维度的演进，其中既包括物质位移、精神漫游所造成的个体思想观念形成与创生，也包括不同的文化子系统如何相互作用与精神变形。通俗地说就是，通过仔细观察研究对象的物质的或物理的“侨动”或位移，来把握其精神层面的“易变”规律。“侨”源自李石曾的《侨学发凡》，“易”，则来自《易经》。这也构成叶隽提出“侨易学”的两个理论依据。叶隽希望通过对学术史的梳理，挖掘侨易学的丰富资源，确立侨易学研究对象、核心内容、基本原则，并在此基础上应用这一方法分析学术史中的大量案例，以印证和完善这一理论。

显然，这个世界是一个侨易的世界。今年的洪堡论坛再次设立了侨易学分论坛，来自不同国家和不同人文学科的学者再次对侨易学进行了交流。这也充分说明，侨易学是一门跨学科、跨文化的学术方法和视野，在其理论体系得以完善之后，将会出现文学侨易研究、哲学侨易研究和史学侨易研究等不同学科的侨易学研究。我本人对此非常期待并充满信心！

国学与汉学

2008 年 3 月 28 日，位于上海浦东的香格里拉酒店迎来了由当时新任校长茱·福斯特(Drew Faust)带队的一批来自哈佛大学的客人，主题为“亚洲、哈佛与世界”的“哈佛中国论坛”于当日在这里举行。这是哈佛大学校友会 2000 年设立“哈佛全球论坛”以来第三次举办“中国论坛”，然而规模之宏大，场面之壮观，前所未有。主办方在会议期间举办了两场招待会，用餐使用的筷子上都专门用汉字烫金印制了“哈佛大学”字样，且没有英文。

那时的中国，影响力正在逐渐扩大，已开始引起全世界瞩目。迄今为止，尽管在全美 100 多家孔子学院中，哈佛大学并未成为外方合作院校，但其与中国教育方方面面的合作却始终处于全美高校第一的位置。当时，“国学热”刚刚在国内兴起，这届“哈佛中国论坛”有一个分论坛就是关于国学的。以《初唐诗》《盛唐诗》《中国文论》和《他山的石头记》等蜚声汉学界的宇文所安(Stephen Owen)教授和他的中国太太宇文秋水(田晓菲)都在这个论坛做了精彩发言。但是，让人感到遗憾的是，为了让参与论坛的所有人都能听得懂，论坛使用的语言是英语，宇文夫妇当时也都自始至终使用英文进行交流。我当时印象最深刻的是，参与论坛的所有人，都在用英文“National Study”

一词在指称“国学”。我认为这个译法，颇似鲁迅先生所批评的“硬译”，于是在讨论环节我就提出应该把“国学”对译成英文的“Classics”的看法，得到的回应大致是：“Classics” 在学术领域是有专门含义的一个术语，即“古典学”，特指对古希腊、罗马文明的研究。由于自己当时刚刚回国，又不是做这个领域研究的，而且对“国学”“古典学”在中国国内的实际状况并不是太了解，所以就没去深究，但似乎在心中留下了一个心结。

再次思考这个问题，则是时隔近 10 年之后的今天。我主编的一本书即将出版，书的中文名是《东学西传：国学与汉学》，责任编辑希望英文书名既准确又凝练。“Sinology”指称“汉学”已是共识，但“国学”一词，我下意识地就给出了“Classics”的翻译。目前，这本书已经出版。前些日子，我与翻译学出身、来自古典学“大本营”的意大利博士乐安东交流，他说这样的翻译不但一目了然，而且非常有助于国际视野下重建中国古典学——国学。后来，我将这本新面世的书送给美国南卡罗来纳大学副校长、古典学杰出专家艾伦·米勒(Allen Miller)教授，并向他解释了我对他几乎投入一生研究的“Classics”的新理解。出乎意料的是，他对此表示非常赞同，并为我的理解添加“注脚”说：2013 年他在南卡罗来纳大学主办的第十五届比较文学年会的主题是围绕中国经典翻译的，会议的中文标题是“20 世纪 50 年代以及其后的中西方经典翻译”，而英文标题正是“Translating the Ancient Classics in China and the West - 1950 and Beyond ”。这说明，作为古典学家的艾伦·米勒教授早已放弃带有西方话语中心意涵的古典学理解，把中国经典国学也视为“Classics”之一种。

智慧中国

撰写这篇文稿时，离中国农历新年——春节的到来已不足半个月，而读者读到它时，应已是春节之后半个多月了。春节，被视为中国人最为重要的传统节日，通过中国政府和人民持续不断的辛勤努力，特别是世界各国纷纷设立了中国文化中心和孔子学院、孔子课堂之后，中国人的春节，越来越多地为世界各国人民所熟知。不少华人较多的国家，或者这些国家中一些华人较多的省、郡或州，还专门立法规定春节为当地法定假日。

要过隆重、热烈、祥和的春节了，这不由得让我想起当年在英国和美国留学时，感受西方人过圣诞节、感恩节的情景。圣诞节期间，英国有法定假日，天南海北的子女都回到父母身边团聚，家里摆上圣诞树，就像我们贴对联；父母会以圣诞老人的名义发礼物，就像我们发红包、派“压岁钱”。当年，我们几位中国留学生从英国的伯明翰被英国同学邀请，到她在雷丁的父母家里，与她的父母、她从纽约飞回的弟弟和弟弟的女友以及她的妹妹一起，度过了一个与中国春节几乎一样隆重、热烈、祥和的圣诞节。感恩节，在美国也是法定假日，也是天南地北的子女都回到父母身边团聚，大家一起吃火鸡、南瓜饼，就像我们春节吃饺子、春卷。当年，看着哈佛大学文理研究生院的几幢公寓楼里的美国同学都“倾巢出动”“打道回府”了，楼里空空如也。我们几位来自中国的留学生，就自发组织起来，烤火鸡，做南瓜饼，这与今天中国大学里的中国学生都放假回家过春节，而来华留学生由值班老师组织和陪同，在食堂包上一顿饺子如出一辙。有人说，给中国农历新年命名为“春节”的以及发明汉语拼音的等诸多做“好事”者都是“洋人”，这些姑且不去讨论，也不必去考证……我讲这些事情的主要目的是想说明，在中国改革开放近40年、中外文化交流日益频繁、世界全球化特征如此明显的今天，反对西方资产阶级腐朽价值观、抵制西方资本主义和平演变思潮，需要因时制宜，需要了解当今世界新的时代特征。

近些年来，通过对道路自信、理论自信、制度自信和文化自信的深刻阐述，通过对中国道路、中国精神、中国力量的文化表达，我们对以鲜明的中国特色、中国风格、中国气派来讲好“中国故事”已有深刻领会。随着中国日益走近世界舞台中央，中国理念、中国智慧、中国方案、中国机遇日益受到全球关注，以党的十九大为起点，中国与世界的互动将呈现崭新气象。智慧的中国，一定是一个海纳百川、开放包容、和谐多元的中国，美国纽约时报广场上的中国屏也正是这样树立中国形象的；传承文明，不仅要传承中国的文明，也要传承他国的文明、世界的文明、人类共同的文明，只有这样智慧的中国才可能扎扎实实地、充满自信地屹立于世界民族之林。说得更直白一些，如果一个把圣诞节视为他们的“文明传统”的外国人，问那些组织抵制圣诞节的人：我们把中国的春节视为法定假日，并“快乐着你们的快乐”，你们却通过各种方式抵制我们的圣诞节，这就是中国智慧吗？我们的一个“节假日”都要遭到抵制，那我们有何理由接受你们孔子学院的“说教”呢？那些组织者、宣誓者将如何回答?!

国之交在于民相亲，民相亲在于心相通。民心相通，人类命运共同体才可能真正建立。因为这是“人类命运”的共同体，这个共同体不仅仅是物质上、经济上的共同体，而是情感上、精神上甚至灵魂上的共同体。无论是轴心时代还是新轴心时代，人类文化和文明的相通和相同之处，已经为民心相通奠定了基础，智慧的中国一定会抓住而不是失去这样的中国机遇，为世界贡献和分享中国理念、中国智慧和中国方案！

生与死

在我为"汉风专刊"撰写的主持语或导读中，有不少题目是"与字题"。比如，文学与文化，东方与西方，老人与海，国学与汉学，等等。就今天的主题而言，本想把题目叫作"生命的宽度"，后来看到这期所编美国散文家巴里·洛佩兹的散文题目是"冰与光"，遂改为"生与死"。这是"题外话"。

想到这样一个主题，可能与去年某期"汉风专刊"发表的《透过云端的微笑》有关，可能与近些年来身边一批青年才俊英年早逝有关，也可能与近一个时期网媒讨论有些人的离世及生前预嘱有关，更可能与我的父母已过米寿而我自己也已步入知命之年有关……总之，这个主题在这个初春时节不断地跃入脑际，教我如何不写它?！这也是"题外话"。

有人说，生命是质量与数量的统一。质量第一，数量并不是生命的唯一追求。对此，我很赞同。老子的《道德经》第三十三章(亦称"尽己章")说："知人者智，自知者明。胜人者有力，自胜者强。知足者富，强行者有志，不失其所者久，死而不亡者寿。"大家知道，洋洋洒洒八十一章《道德经》，每章从起笔到落笔，经起承转合，要点往往在最后落笔处。此章最后一句谈到"寿"，死而不亡者，谓之"寿"。也就是说，肉体之身虽死，但道犹在者，才是真正的长寿。佛家也有类似的看法：所谓“死”，只是人给予生命的一个概念，或曰“死”只是整个生命过程中的“一个阶段”，这个阶段就是肉体的枯竭、化为灰烬或消失，而“生命”“生和命”是永远的、永生的。如果细研基督教之“道成肉身”说、“复活”说和“灵魂”说，其道理也是一样的。

2011 年 11 月，光明日报出版社出版美国耶鲁大学医学博士布莱恩·魏斯（Brian L. Weiss, M. D.）的《前世今生：生命轮回的启示》（*Many Lives Many Masters*）一书，时隔七年，今天再次引起读者热议。据报道，该书作者魏斯博士曾任耶鲁大学精神科主治医师、迈阿密大学精神药物研究部主任、西奈山医学中心精神科主任，目前在迈阿密执业，并负责许多国际研究项目以及专业训练计划。他专攻生物精神医学与药物滥用，曾发表几十篇科学论文与专文。魏斯医生花了四年时间，写下《前世今生：生命轮回的启示》这本书。该书描写了一位普通病人凯瑟琳因焦躁来到魏斯医生处治疗，却在被催眠后惊现 86 次生命轮回！这一事实不仅改变了病人，也让心理催眠师的生活发生了天翻地覆的变化。此后，信奉科学的医生甘冒职业风险，记录此书，透露生命的不朽与真义。

如此这般，在我看来归结为一句话：死而不朽才是生命之要意。生命不同于活着，死亡不等于老朽。生命是立体的，有长也有宽和高，只有长，并不意味着有生命有活力。所以，才有臧克家所云：有的人死了，但他还活着；有的人活着，他已经死了……此即所谓：有志不在年高，无志空活百岁！

君子的义利观及其他

在中国文化当中，关于君子对义和利之间关系的看法，形成君子的义利观。对此，中国文化典籍里有很多表述。比如：君子"见利思义"，小人"见利忘义"；"君子喻于义，小人喻于利"；"君子爱财，取之有道"；"君子固穷"等。若是将名与利并列，还有"人不知而不愠，不亦君子乎"等等。如果说这些名与利只是指虚荣之名和金钱之类的物质利益，即微名薄利，义也还只是一定的基本道义和原则的话，那么，当将有关利和义的关系延伸到面对生死的"大利""大义"时，相关表述则有很大程度的升华，语气也似乎变得更为凝重和严肃。此时，孔子之"仁"和孟子之"义"则常可并行而言。比如：古人有"志士仁人，无求生以害仁，有杀身以成仁""生，亦我所欲也，义，亦我所欲也，二者不可得兼，舍生而取义者也""与其生而无义，固不如烹""人生自古谁无死？留取丹心照汗青"的教导；今人则有"取义成仁今日事，人间遍种自由花""有的人活着，他已经死了；有的人死了，他还活着"的诗句。不仅如此，无论是在中国古代、近代还是在当代，都有大量"弃利趋义"的君子，和"舍生取义"的仁人志士涌现，他们的事迹被人们所传颂，他们的精神被人们所传承。

关于孟子之"义"的内涵，已有不少的论述，每个时代都有一定的诠释和解读,也会有新的补充和发展,但它所具有的“道义”“正义”和“公义”的内涵却是万变不离的。君子和仁人志士,在精神追求上,都是尊崇和遵从义的基本内涵的,只是在君子和仁人志士之间仍存在着一定的距离。由于君子之谓是面向社会民众的普遍愿景,而仁人志士的出现则需要特殊情境的发生,所以,行为上采君子之范,处事中依君子之规,成为一个“翩翩君子”,相比于面对生死而舍生取义的仁人志士来说,应该是更容易做到的事情。不过,从另一个方面说,如果一个人在日常生活中连君子之道都不能遵从,在面临生死的选择时,也很难做到舍生取义。《孟子·告子下》讲:“人皆可以为尧舜。”这虽然是孟子为说明人性本善而提出的观点,但在一定程度上也说明,古人是以尧舜这种“圣人”一样的君子之范来为公众树立榜样的。今天,我们在大学校园倡导君子文化,就是倡导一种自强不息、厚德载物、人人可为的大众文化,这对当代人的行为规范和为人处世都会很有帮助,也是切实可行和能见成效的。

在我国第一部诗歌总集《诗经》中,也有很多地方提到“君子”,“窈窕淑女,君子好逑”就是人人耳熟能详的一句。在这里,好像“君子”是男子的事,只有男人才是“君子”,而女性只是“君子”的配偶。事实上,从今天女性主义的观点来看,这恰好反映了儒家思想在男女观念上的不平等。在中国传统社会的漫长历史中,女性往往处于社会的最底层。她们身受来自父权制的种种压迫,其深重程度丝毫不亚于任何其他文明系统中的女性。而在此历史进程中,儒家思想始终是主导性的意识形态系统,是主要的社会制度与文化观念所赖以产生的母体。数千年来,中国女性所遭受的制度性的或精神性的压迫与歧视,绝大多数应归咎于儒家思想。《诗经》形成于从西周早期到东周中期的大约500年间。在其诞生之初,女性虽然被排除在绝大多数官方政治性话语之外,但是在日常生活中,她们表现得非常活跃,具有一种自由、活泼的精神气质。另外,虽然已婚女性可能遭受丈夫们的辖制与压迫,但是绝大多数的未婚女性都表现出与男性平等的一面,有时甚至优越于男性。在编选和整理过程中,特别是经过后世儒家不断的诠释,形成《毛诗》这一我们今天所能看到的最早的《诗经》版本,而《毛诗》的编订和诠释掩盖了《诗经》中原本丰富多彩的女性形象,仅将其抽象为妇德的不同模式。

显然,我们今天所倡导的君子之风,是摈弃了儒家文化之糟粕的、男女平等的君子文化,即是一种无论男女,人人皆可成君子、人人皆应成君子的文化。

化育天下

◎什么是现代性？

◎现代性带给了我们什么？

◎文字与文化

◎世界语的联想

◎观乎人文　以化成天下

◎十年树木　百年树人

◎“反智主义”正在崛起？

◎读不尽的多元

◎大学改革　章程护航

◎大学生命：质量是灵魂　创新是血脉

◎大学校长：职业化与学术性

◎大学精神与中国精神

◎大学的中心

◎建设一流学科　避免“近亲繁殖”

◎教育改革永远是进行时

什么是现代性?

一直以来,“现代性”概念长期受到学术界高度关注,不同学科、不同思想派别、不同时期的思想家,对现代性有着不同的理解,对其具体内容的描述也是千差万别。但是,我们至少在一点上可以达成共识,即现代性是一种精神理念或思想形态。马克斯·韦伯就是通过将“现代性”一词放在与之密切相关的另外几个同根词——“现代”“现代化”和“现代主义”——一起加以比较甄别来确定现代性的特殊性质的。韦伯认为,现代社会结构特质的生成过程,就是理性化的过程。依据他的观点,理性化和合理性是区分现代社会与传统社会的关键:所谓现代化就是理性化,而“现代性”则是“合理性”。这种解释经哈贝马斯、约翰·威尔森等现代性问题专家的发展和阐释,形成一种较为通行的观点:“现代”是一个相对于“古老”“传统”而言的时空概念,因而是随时间而变迁的;“现代化”主要是一个社会学术语,指工业革命和法国大革命之后西方世界建立起来的资本主义政治经济社会制度体系;“现代主义”则由 19 世纪末 20 世纪初一个特定的文学艺术流派扩大为泛指所有精神文化生产领域;而“现代性”则更多地用来指称社会现代化和文化现代主义背后所共有的哲学或形而上学基础理念,是一种精神的或意识形态的力量。因而,在更多时候人们倾向于在一种更广泛的意义上使用“现代性”，以之涵盖“现代化”和“现代主义”，把这二者视为“现代性”精神在不同领域的不同表现方式。显然，“现代性”与时间意义上的“现代”密切相关。但是，由于时间性的“现代”是一个恒久地发生着的事情，每个历史时代相对于该时代的人来说都是“现代”，如果仅仅从时间维度去把握现代性概念，就失去了它的特定内涵。

在某次座谈会上，有学界朋友把西方马丁·路德新教改革视为“现代”的起源和分界点，把自由视为“现代性”的最根本特征，把美国视为“现代社会”的代表，并将“现代”等同于“先进”。我不反对对“现代性”进行多元的开放式理解，但我认为把“现代的”等同于“好的”是不全面的看法。其实，“现代性”是以“现代性问题”或“现代性危机”的面貌而吸引思想学术界的全力关注的。现代性之所以成为思想学术界的关键词，就在于它是一个问题丛生的领域。现代社会问题太多，以至于吉登斯将现代社会称之为“风险社会”，最严重的就是社会秩序与人心秩序失范，价值虚无化。物质和技术层面上的“现代化”在“方便”人们生活的同时，也给人类带来一些灾难性后果，比如大气污染、生态破坏、核废料等等，而“现代化”代表性产物——汽车，却成为现代社会“杀人”最多的单项发明。如果回顾西方列强利用坚船利炮等“现代产物”蹂躏我中华大地的历史，“现代性”则更是肮脏的。

应该重温，20世纪末75位诺贝尔奖获得者曾在巴黎呼吁：人类要生存下去，必须回到25个世纪之前，去汲取孔子的智慧。而今，社会越向前发展，人们就越惊讶地发现，运用中国传统智慧更能解决人类面临的很多矛盾和冲突。

现代性带给了我们什么?

上期专刊导读《什么是现代性?》发表之后,得到了不少读者和学者的反馈。既然是反馈,有赞成有反对当属正常,这正所谓“仁者见仁,智者见智”,“萝卜白菜各有所爱”。这期的导读,我想接着上期的话题,继续说一下现代性问题。

现代性问题,看似学术问题,与我们的日常生活关系不大,其实不然。

现代性带给了我们什么呢?读过一本美国作家托马斯·品钦所著的长篇小说《万有引力之虹》,这也是品钦的代表作,曾获普利策小说奖提名。小说用虚幻和悬疑手法描写第二次世界大战期间德军使用一种威力强大的火箭对伦敦进行大规模袭击的事件。在战争中,社会和生活的意义不断降格,人们开始对科技日益依赖,主人公斯洛索普的荒诞命运,揭示出西方病态和疯狂的社会状况。作者隐喻式地表达了科学技术造就的现代世界终将走向灭亡的思想。因为对现代科技的依赖,必然导致技术对个体生命的残害以及机械对人的异化。

提及现代性,必然令人联想到现代文明。而提及现代文明,我们所指的其实就是西方文明。西方文明带来了科学的发展、科技的发达,这一点不容否认,但同时也带来了科技和机械对人的剥削和压榨，对人性的倾轧，对人心的颠覆。拜物教，拜金主义，都是在这样的现代性基础上产生的。

提及现代文明，必然令人联想到古代文明。今天，古代的四大文明——两河流域的古巴比伦文明，尼罗河流域的古埃及文明，恒河流域的古印度文明和黄河流域的中华文明，前三个要么支离破碎，要么彻底消失或荡然无存，只有中华文明源远流长，虽历经坎坷磨难却绵延至今，永续不断。不难判定，西方所谓现代文明，对前三大古代文明的消失是“难辞其咎”的。

中国在接触西方之前，被称为“前现代”。前现代的中国若非遭受西方所谓现代文明“坚船利炮”的侵略和蹂躏，若非遭遇被现代化装备武装起来的现代战争，兴许也还可以自给自足、乐在其中，兴许也还可以有田园牧歌式的生活，兴许也还可以保留着对“土地平旷，房屋俨然。有良田美池桑竹之属，阡陌交通，鸡犬相闻”平静状态的向往。这一切，都被以工具理性之扩张为特征的现代性所吞没……

现代性问题和现代性危机，带来了价值的崩溃、精神的坍塌，碎片化的“秩序”、被毁的“三观”，希望被解构、理想被消解……

弘扬中华传统文化，传承中华优秀文明，就是要让人民有“望得见山，看得见水，记得住乡愁”的新生活。

文字与文化

宋人司马光有语:言之美者为文,文之美者为诗。

过去,在村子里,通常会把识字的人称作“文化人”。今天的农村,依然如此。但是,今天的情况却与以往不同,许多人读书读到了博士毕业,不愿再回到农村。

还有一种情况,由于识字的文化基础没有打好,不少“文化人”即便是读书读到了博士毕业,也还被人嘲笑为“没文化”。比如,今年5月,北京某大学120周年校庆典礼上,校长的“鸿鹄之志”就引来了“文字之惑”。校长在此之前的其他场合,一定是不止一次读错“鸿鹄”。从他后来的“道歉信”就能知道,他从小就把“鹄”这个字读错了,而此时的典礼上并非其第一次读错。那么,此前他周围的亲朋好友以及同事为什么就不给他提个醒,让他不至于后来在如此大的场合丢人现眼呢?究其原因,他周围或身边的人大概不外有这几种可能吧:要么是不敢,要么是不能,要么是不愿。姑且不议随后的“道歉信”,单就这几种可能,也反衬出校长的“文化”水平。

有位同事还讲过这样一件事。他年轻时所在大学的系主任,很爱引用苏格拉底所说的名言:“人不能两次走进同一条河流。”但是,系主任每次引用都说成“就像苏格拉底所说,‘人是不能一次走进两条河流的’”。而且,每次引用之后,还要回头问下我这位同事:“你说是不是呀?”这说明,这句名言在系主任的头脑中是非常纠结的,在他的意识中并不认同苏格拉底这种说法,或者说苏格拉底这种说法在他看来是有问题的——其实,他根本就没理解苏格拉底。起初,我的同事还会跟他纠正一下,并跟他讲讲苏格拉底引述此话的意思。后来,同事见怎么解释系主任也不能理解,也就由他去了。这件事,也可反衬出系主任的“文化”水平。

再举一列,这事也发生在大学。我读博士时的外语老师讲到英语的倒装句时,举了一个中文成语的例子。她说,落井下石,其实就是“落石下井”的倒装……

这样的例子还有很多。说来也巧,就在今年 6 月的“答辩季”,会间休息大家闲聊,外语专业的一位博士生导师讲述自己看到家里养的狗生仔儿的情景:狗妈妈亲自咬断脐带,吞下胎盘……她说,这就是“舔犊情深”。在场的一位老师立刻当面纠正说,应是“舐犊情深”……外语专业的博士生导师连声说:“谢谢,谢谢!”还说:“你若不予纠正,我也许会错一辈子。你这一纠正,让我今生不再会犯此错误!”这件事,一方面反映出纠错老师的文化水平,而被纠错老师的态度,也反映出其知错就改的涵养与“文化”。

最近,又一出“文字风波”让民众大跌眼镜,就是上海小学二年级的语文课文第 24 课《打碗碗花》,原文中的“外婆”全部被改成了“姥姥”。理由是“外婆”是方言,“姥姥”是普通话。此事一出,人民网、新华网等均发表了网评。尽管上海市教委最后致歉说“真要好好吸取教训”,但此事也暴露出不尊重知识产权、"没文化"多么可怕！如果不打好文字的"文化基础"，难免类似的事情还会发生。

世界语的联想

《美文》杂志最近连载了法国著名汉学家白乐桑的自传体文学作品。1973 年，年轻的白乐桑来到北京，开启他成为汉学家的梦想。他曾说，在 20 世纪 70 年代的法国，如果你说自己正在学汉语，周围的朋友会觉得你在开玩笑。可以说，那时的汉语是“月球语言”：一是因为说汉语的国度离法国很远，现实中很难到达；二是汉语和法语是完全不同的两种语言，法语是字母文字，汉语是表意文字。今天，作为汉学界举足轻重的专家，白乐桑认为汉语“正在成为国际性语言”。

显然，英语已经成为国际性语言。不仅如此，正如本期“汉风专刊”所载澳大利亚作者张晋的《中文教学的“硬目标”和“软目标”》中所言，英语已经从“软实力”转化成了“硬实力”，成为国际社会日常生活当中不可或缺的存在。这不由得让我想起 1887 年时年 28 岁的犹太裔波兰人柴门霍夫发明的“世界语”。

尽管“世界语”一直受到联合国教科文组织的重视，而且今天仍有一些组织在大力推广“世界语”，但它毕竟已不再像 20 世纪七八十年代为年轻学子所瞩目和追逐。“世界语”的“设计”目标显然是有利于世界交流的，但为什么它却难以流行并真正成为一种“世界语言”或“国际语言”呢？究其原因，大概是因为“世界语”是一种人为“制造”出来的“语言”,其中并无文化内涵和文化积淀更谈不上文化基因的缘故吧。这也说明,真正的语言并不仅仅是一种交流工具,它更是一种文化载体。

最近,世界级指挥家瓦西里·佩特连科指挥英国皇家利物浦爱乐乐团演奏改编后的中国乐曲《我的祖国》的音视频极为流行,一经上传微信,点击率迅速突破百万。有评论说,欧洲乐团虽然对此曲的背景知之甚少或者毫无所知,但由于演奏的音色和乐感好,所以让我们熟悉的旋律格外动人!的确,对于文学之外的艺术来讲,其实叙事和背景并非所长;而对于交响乐来讲,其讲究有四——旋律、曲体、和声、配器,瓦西里·佩特连科指挥的英国皇家利物浦爱乐乐团,体现了这四种讲究,因此,即使不了解此曲背景,从音符所组成的旋律本身也可体会原曲内涵。也正是在此意义上,我们说音乐是“世界的语言”,人类共同的语言!

观乎人文　以化成天下

古人云:“观乎天文,以察时变;观乎人文,以化成天下。”

如果稍加留意人们就会发现这样一个现象,即倡导某种有关人的培养或高等教育理念时,大家常常会拿美国的哈佛大学或英国的剑桥大学来“说事”。比如,哈佛校长:一个人生活的广度决定他的优秀程度;哈佛教授:怎样获得与岁月对抗的“不老力量”;哈佛大学:推荐 20 个快乐的习惯;哈佛结论:太过理性反而容易走上错误的道路;哈佛研究报告:什么样的人才能活得更美好? 又如,哈佛大学用 12 张图让你远离负能量;哈佛大学 15 年的研究告诉你喝粥能否长寿;哈佛学生最大的特点是敢说、敢做、敢“忽悠”。以及剑桥大学校长如是说:剑桥大学精神,剑桥大学励志故事,剑桥大学何以一流? 等等。显然,这其中反映出“标题党”著文的一贯“风格”,但是,如果从另外一个角度来思考,也说明作为世界顶级大学的美国哈佛和英国剑桥,的确赢得了民众的认可,有口皆碑! 因此,人们才乐意打“哈佛牌”,打“剑桥牌”。

与此类似,我们也常常可以看到很多地方挖掘、推广和宣传历史名人、文化名人,打好“名人牌”以促进当地经济发展和文化繁荣的做法。比如,尹吉甫村、宋玉路、伯乐大道、周自齐公园、徐福码头等等。而且,这也成为一种学术“风尚”。学术界在写论文时，也常常引用著名学者的论断。比如，撰写一篇有关女性主义研究特别是女性主义神学研究的论文，如果文中没有引用到伊丽莎白·菲奥伦查的著作或观点，连作者自己都会感到文章不具权威性和说服力。由此，可以联想到世界各国全球文化推广机构的名称，也是在做打好“名人牌”的工程。比如，德国的歌德学院、西班牙的塞万提斯学院、俄罗斯的普希金学院以及我国的孔子学院，等等。

打“名校牌”“名人牌”，显然也是在打“文化牌”，因为名校和名人都是文化象征，所代表和承载的都是文化风尚和文化品位。歌德、塞万提斯、普希金和孔子是文学家，更是文化大家，以他们冠名的学院都是在用委婉或间接的方式指向文化交往，而法国的“法语联盟”，英国的“英国文化委员会”没有用名人冠名，则是因为它们的名称更直接地标明了语言文化。

还有一个小的事例可以说明“文化”的“价值”。深圳有家文创企业，将一种普通大众日常消费的普洱茶压成 28 个笔画形状，并冠名“文化茶”，仍保持在普通大众能消费得起的价位来销售。出人意料的是，文化茶上市之后，日销售额居然持续保持在 500 万元以上，一直走俏茶品市场。而且，这个创意在业界获得了六项国际大奖，两项国内设计奖。这说明，“文化人”可能对“文化”司空见惯、习以为常，但大众对“文化”是有普遍需求和了解欲望的。

“一带一路”五周年了，它既是经济带经济路，更是文化带文化路，是通心之路。打好文化牌，走好文化路，应是根本的和最终的目标。

十年树木　百年树人

显然，这是一个“陈旧”的话题，之所以这样说，是因为这是一个人人皆懂的道理。然而，这样一个“陈旧”的话题、人人皆懂的道理却经常变得非常“沉重”，因为把它真正落实到“育人”竟然如此之难，以至于不得不一次又一次地重提。

少年强，则中国强！2017 年 12 月 18～20 日，中央经济工作会议在北京举行，这是党的十九大之后召开的首次中央经济工作会议，习近平总书记在会上发表重要讲话。大家注意到，一年一度的中央经济工作会议这次破天荒地提出五大突出的教育问题，也就是中小学生课外负担重、择校热、大班额、学前教育、婴幼儿照护等五大群众最为关心的教育问题。可见，这五大问题已经引起中央的高度重视，必将是 2018 年乃至未来教育工作的重点。经济与教育密切关联，这并不难理解，但经济工作会专门谈教育必有因缘。其中，学前教育、婴幼儿照护虽放在五大问题的后端，但细心的人们也不免会联想到就在中央经济工作会议召开之前，一家在美国上市的国际幼儿园被媒体报道的“虐童事件”。目前，对这个事件的调查虽然已告一段落，违法犯罪的相关责任人已被绳之以法，但是，我们的反思却不应该就此停止和结束。

幼儿园可以上市，足以说明幼儿园是“市场化”的或曰

“产业化”的。20 世纪 90 年代，教育产业化的呼声确实“高涨”过一个时期，数年后被“叫停”。也许我是孤陋寡闻，但至少迄今为止，无论是中国的还是外国的大学，我还真不知道有没有、有哪一家是上市的大学。前面提到的这家上市的国际幼儿园，如果不是因为媒体报道了它存在的问题，我甚至也不知道当今世界上还有上市的幼儿园。幼儿，不仅是父辈、祖辈、祖祖辈辈的心肝宝贝，也是民族的希望、祖国的未来，我相信，只要是刚需，每个家长一定是会倾其所有甚至拿出身家性命保证他们受到尽可能良好的教育。他们走进幼儿园是去接受最早的社会教育，幼儿园交给市场来“管理”，不就等于把这些掌上明珠、心肝宝贝、民族希望、祖国未来统统交给市场了吗？其结果会怎样，其实并不难想象。

交给市场来培养和管理的幼儿园里的幼儿们，接受的是“市场化”的“培养”和“教育”，是“市场”上流行的价值观念和意识形态，“三观”当中会不会染上金钱至上、纸醉金迷的肮脏东西也保不齐。比如，谁也无法要求一个在境外上市的国际幼儿园去按照《关于实施中华优秀传统文化传承发展工程的意见》来开展幼儿教育。再比如，大学里的思想政治教育课能否真正实现入头脑、入人心，一直是一个高等教育研究和探讨的现实课题，接受了“市场化”教育的幼儿们，在进入大学后，你要在他们身上落实《关于进一步加强和改进大学生思想政治教育的意见》，谈何容易？

大数据显示，在我国教育经费不断增长、所占 GDP 比重不断增加的情况下，各省市自治区对学前教育投入的占比依然最低。比如，2016 年，全国教育经费投入总额为 38866 亿元，其中义务教育阶段的经费投入占比最大，其次是高等教育和高中教育阶段，依次为17603亿元、10110亿元、6155亿元，学前教育经费投入为2802亿元（不到10%）。一位长期从事教育研究的学者曾忧虑重重地说道："十年树木，百年树人。学前教育不如高等教育'见效'快，又搞了所谓的市场化，所以无人重视对学前教育的投入。与此同时，高校投入浪费又很严重，这是典型的本末倒置！"

“反智主义”正在崛起?

仔细阅读了美国学者黄严忠教授发表在《外交事务》上的文章《反智主义正在中国崛起》一文的第一部分,文章不长,但确实引人深思。文章观点有一定道理,但由周小平和花千芳分别任职“中国网路作协”和辽宁抚顺作协的消息,即来定论“反智主义正在中国崛起”,不免让人觉得牵强。

的确,中国历史上确实出现过反智主义的现象,当前也有一些反智主义的声音,学术界对这类声音也有过争论和批评。但是,我并不认为今天的中国正在走向所谓的反智主义。周小平、花千芳参加过去年在北京召开的文艺座谈会并在随后“一夜成名”,也不应引起太多议论和联想。“百花齐放,百家争鸣”是中国文学艺术界的传统,在大众文化、大众文学特别网络文化、网络文学流行的今天,从“文学大众”中选取两三位代表“大众文学”的作家参加座谈会,让文艺座谈会上有他们的声音,应该是理所当然的,是再正常不过的了。我认为,即便他们分别在“中国网路作协”和抚顺作协任职了,也不值得大惊小怪,更何况“中国网路作协”只不过是个民间团体,抚顺作协副主席的“级别”也没有多高。真正的作协、文联的话语权依然牢固地掌握在知识精英的手里。

换一个角度讲,如果因为周小平和花千芳没有读过大学却做了作协的“领导”，就意味着中国反智主义崛起的话，那同样没有读过大学的莫言，却获得了诺贝尔奖，还被聘为好几所高校的教授并担任博士生导师，那岂不是也可以说诺贝尔奖有反智主义倾向，中国的大学都开始了反智主义呢？

所以，就此来看，我并不认为周小平、花千芳“任职”之事，会给中国知识界带来多大影响。

不过，我认为，黄严忠教授在文章中对中国当代知识分子沉湎于享乐主义、功利主义和出现学术不端行为的批评，还是相当中肯的。在现代文明史上，知识分子是一个发挥了重要作用的群体，也是一个无上荣光的群体，这主要源于它的社会担当，它的使命是通过自己的努力对违背公理和人类道德的现象进行及时的尖锐批评和有效的制止，并通过自己的存在倡导和维护社会正常、合理的秩序和平衡发展，它所起到的常常正是一种“制衡”作用，给出的是正能量，所以被人们誉为“社会的良心”。思想家德里达、语言学家乔姆斯基都是典范。然而，今天中国的知识分子普遍缺乏这样的责任感和使命感，甚至自己也沦为金钱的奴隶，成为社会公义和道德的败类，做出一些黄教授所讲的诈骗和其他学术不端行为，为公众所不齿。这类现象，倒真的会导致“自毁长城”式的反智主义倾向——彻底丢弃了知识分子的传统，完全损毁了知识分子的形象。长期下去，公众将不再信任知识分子，知识精英也就不再为社会所接纳。

也不能因为周小平、花千芳的作品中有批评美国的声音就感到不舒服，就认为他们是因此而被“重用”的，甚至认为这表明反智主义已经渗透到中国最高层，将会影响到中国的外交政策。一方面，在中国始终存在着“亲美”和“反美”的两种声音，这很正常。只不过最近一些年中国的迅速崛起和发展，使得中国人对祖国的认同感有所增加，吸引了大批留美知识分子回来报效祖国（这是另一个话题），而现任中国领导人的一些做法更使民众感到有信心、有希望。与此同时，美国也出现了这样那样的一些问题，使得中国人不再像过去那样对美国趋之若骛。另一方面，不能简单地把“反美”等同于“反智”。美国虽然科技发达，集中了世界上最优秀的智力资源，最近还发现了“新地球”，但不能认为谁有“反美”言论谁就是反智主义者。相反，一个真正尊重知识和智力的国家恰恰是欢迎批评声音的，前面说了，优秀知识分子的使命就是“制衡”，因此发出的声音常常就是批评意见，甚至是“刺耳”的。再者说了，目前中国的高层领导也都是“高级知识分子”，而且刚刚确立了“智库战略”，相信对反智主义会有“反渗透”能力的。

读不尽的多元

美国哈佛大学校园文化色彩纷呈，从不同的视角透视其中奥妙、品味其中深蕴，都会有不同的收获。哈佛大学的校园文化形式上及内容上都是丰富多彩的，它是开放的、自由的，但同时又是理智的，可以用“理智的无限自由”来概括，近400年的校龄已足以让她“随心所欲，不逾矩”，真真正正是读不尽的多元共生。

一、多元社团

哈佛大学有许多“多”。比如，校友中当美国总统的多，拿诺贝尔奖的多，捐赠的资金多；教师当中重量级学者多，科学家多，大师级人物多；学校设施中博物馆多，图书馆多，实验室多……而学生社团之多，更是哈佛校园文化的一个非常突出的现象。

美国是个文化多元国家，宗教信仰的多元为其一。哈佛大学著名学者、多元宗教研究的领袖人物、哈佛大学世界宗教研究中心主任戴安娜·艾柯(Diana Eck)教授的一项调查显示，哈佛大学所在的美国波士顿地区共有2600类不同信仰的宗教组织，哈佛大学占了80％。这是哈佛大学的传统，因为她最初建立时就是一所教会学校。除去宗教组织和一些常见的音乐、舞蹈、演唱、体操、自行车、帆船等艺术、体育组织外，在每年秋季的开学典礼前后社团的纳新活动上，我们还可以看到由学生们组成的“绿色阵营”“保护动物社”“反电脑黑客组织”“哈佛棕红社联”“鸡尾酒营”“非洲故事”“女同志社”“男同志社”“自恋社”“狂喊社”“大笑团”等各式各样的社团组织在招募新员，甚至在“爱心社”附近还可以看到“恨你社”也在纳新。他们的招募形式也是五花八门，很多都是只要留下 E-mail 就可以成为新会员，而且可以得到一份非常实用的礼品。

这是美国校园比较独特的一种文化现象，表现出哈佛大学的包容性和给学生的自由度。但是，这种自由并非没有约束或边界。社团的组织和活动不能违反法律、不能侵犯他人利益等等都是约束，同学们都有这样的意识。所以，尽管有些社团名称“过激”，但组织者的活动并不会“过激”。

我们知道，由于信仰不同，不同宗教间往往会有冲突。但是，在哈佛大学的信仰团体中，即使在具有不同信仰的社团之间也很少发生冲突，因为在这样的一所大学中，同学们首先要学会适应——适应各种宗教共存、各种文化共生、各种文明共荣的多元文化背景，需要相互理解后的深层文化对话，才能求得共同发展。因此，2006 年 9 月 10 日，在哈佛大学本科生的开学典礼上，作为教师代表的戴安娜·艾柯教授真诚地对同学们说：世界正在走向真正的多样性和多元化状态。五年前的今天，令世界震惊的 9·11 事件，促使哈佛大学前所未有地意识到一种分离社会的沟壑的存在。如何在多元信仰、多元价值、多元文化的状态下立足，并填平这个沟壑，成为今天的莘莘学子首先面临的问题和挑战，而这一切可以从哈佛开始、从今天开始！

二、大众文化

哈佛大学的审美艺术教育的理念，是造就其校园文化中艺术气质的一个重要因素。哈佛大学虽已有近400年的历史，起初也是欧洲的古典式教会大学的翻版，但哈佛所具有并长期保持的开拓、创新和自由的精神使其很快就摆脱了传统大学的影子，创造出崭新的哈佛品格、哈佛精神和哈佛模式，在艺术教育方面表现为越来越走向大众、走向社区和社会。

我们今天所讲的“通识教育”（也称“通才教育”）一词是在20世纪40年代从英文“General Education”（直译为“普通教育”）翻译过来的。“General Education”一词在19世纪之前，对它的解释就已有很多，一般是中小学教育的总称，第一个把它与大学教育联系在一起的人是美国博德学院（Bowdoin College）的帕卡德（A. S. Packard）教授，并使其内涵得以进一步扩充和发展。1945年，美国哈佛大学委员会发表了《自由社会中的通识教育》（*General Education in a Free Society*），即有名的“红书”（The Redbook），将“通识教育”定义为“学生在整个教育过程中，首先作为人类的一个成员和一个公民所应接受的那部分教育”。就此而言，“通识教育”是高等教育的重要组成部分，是指职业性和专业性以外的那部分教育,它的理念是广义的,它的载体(主要是课程)是狭义的,它的目的是培养健全的个人和自由社会中的健全人格的公民,它的实质是“全面发展人”或“全人”的培养。我们知道,席勒《审美教育书简》的英文是 *On the Aesthetic Education of Man*。《审美教育书简》的译法只是突出了席勒这本书的“书简”体例,忽略了后面 Man 的翻译,其主要内容即是“通过审美的、感性的教育来塑造人的品质、品行和品格”。在英语世界,关于 Aesthetic Education 的书很多,其中 Norman Dello Joio 的 *Make Aesthetic a Part of Life*(《让审美成为生命的部分》)就明确阐明了类似的思想和内容。这表明,审美教育应该是实现通识教育的途径之一,因为通识教育的目标未必完全是通过审美的或感性的方式来实现的。

哈佛大学理念和精神的历史变化意味深长。从教会神学院和保守的传统大学模式到一个自由开放、世界一流的现代人文性大学的转变,表现在教育理念、课程设置、管理机制等各个方面,艺术教育更是如此。非专业艺术教育观念的变革和具体实施,明显表现在大学校长的教育理念当中,纵观美国哈佛大学通识教育的发展历史,可以分为五个主要阶段来考察艺术教育在通识课程中的分量,并随其本科课程体系的变革来了解其非专业艺术教育模式的主要变化。(1)建校初期至 1869 年的传统模式;(2)1869～1909 年的自由选修模式;(3)1909～1945 年的集中与分配模式;(4)1945～1975 年的通识教育模式;(5)1945 年至今的核心课程模式。单就 1982 年秋天到现在的 25 年来说,哈佛大学的核心课程还在不断地发展和完善。目前,核心课程共 7 个领域,11 类,包括:(1)外国文化(36门);(2)历史研究A(25门)、历史研究B(31门);(3)文学艺术A(25门)、文学艺术B(17门)、文学艺术C(21门);(4)道德推理(16门);(5)定量推理(26门);(6)科学A(26门)、科学B(15门);(7)社会分析(Social Analysis)(15门);共253门。哈佛核心课程由核心课程教授委员会设计、认定。可以见出,文学艺术教育的内容明显增加,达63门,占全部课程的四分之一。核心课程学习负荷也约占本科所有课程负荷[32门"半课程"(即一学期结束的课程)]的四分之一。它要求学生在全部11类核心课程的8类中各选修一门,共8门;而且这8门应该被认为是与该生拟主修的学科领域距离最远的。选课规则明确规定,根据每个学生的拟主修学科,各有4类核心课程为该生的"免选类"。

大致上讲,以上按照更换校长施行课程改革的分期,也可着重于艺术教育本身分为三个大的时期:(1)自由艺术教育(Liberal Arts Education,即人文教育或博雅教育)时期;(2)通识教育时期;(3)核心课程时期。但无论怎样分期,哈佛大学艺术教育模式与其他课程模式一样,总体上都是越来越朝向自由和开放,朝向社区社会并满足其广泛要求。最明显的表现方式是哈佛大学一年一度的艺术节,"艺术第一"(Arts First)是其口号,与社区文化艺术生活相融会是其方式,提高艺术审美鉴赏力是其目标。正因为有着这样的自由和开放的理念,才会产生每学年两次的"哈佛裸奔"行为艺术,而他们裸奔的口号恰好是:"当众裸奔都不怕,期末考考还用怕吗?身体都不受束缚,思想还会被束缚吗?"

今天的许多西方大学特别是英国大学,其艺术教育模式尽管经历了多次变革，但与具有新英格兰开拓精神的美国“新移民”创建的哈佛大学相比，仍然具有相当保守的色彩，原因在于人们对艺术的传统认识仍根深蒂固，认为艺术高雅和美的品质来自其高贵、庄重、华贵甚至神圣，这必然导致人们把艺术仍看作皇家、贵族或教会人士的奢侈品，把艺术教育看作培养传统意义上经典艺术家和艺术品的教育方式。哈佛不同，哈佛的大众化艺术模式造就了其独特的校园文化艺术气质和艺术氛围。

三、个性审美表达

校园文化一定是以学生为主体的文化，作为主体的学生的个人情感表达是校园文化建设不容忽视的内容。美国哈佛大学以及周围的社区给学生营造了自由表达和宣泄的氛围，有利于学生的心理健康。因此，尽管哈佛大学的学生来自各种不同的文化背景，但少有大学生自杀现象。在这里仅列举几个小小的案例，并提出点简单的看法，供研究者参考：

个案一：德瑞克·伯克(Derek C. Bok)曾是哈佛大学历史上任职时间最长的校长之一，曾于1971～1991年担任哈佛大学校长，并于2006～2007年担任过渡校长。37年前，当他荣任校长的时候，已经通过自己的经历意识到一切事情都可能发生在年轻的大学生当中。此前的哈佛校园并不平静，学生与校务部门的冲突接二连三。伯克的上任用中国的说法是临危授命。伯克清楚地记得，在他担任校长三年后的一天，窗外的锣鼓声和人们的喊叫声打破了办公室的宁静。他驻足窗前,看到一只大象在他的窗下徘徊,他本以为这又是学生闹事的新把式,但很快就打消了这种想法。因为在他执政后不久,哈佛校园就已经出现了空前的祥和与安宁。这头敦厚朴实的大象是来参加学生们庆祝越南大选集会的。

个案二:哈佛校园经常会出现一些小型的游行,这些游行都是经过相关法律程序的。有一次,来自拉美的同学举行集会,反对老师用英语上课而不是西班牙语。游行者手持矿泉水桶、脸盆、纸篓等,一边敲打一边喊着呼吁用西班牙语上课的口号。据说,后来学校果然为拉美学生比较集中的班级调换了老师。对这一情况从不同视角我们可以做出不同的分析:同学们也许是为了更方便、更容易听懂、学习更省力,也许出于保护本国语言、提倡语言多元,也许就是为了发泄一下情绪、图个热闹……

个案三:在哈佛校园本科生宿舍楼一个面朝大街的房间窗户上,一位同学浓墨重彩地写了这么几个字:"I HATE EVERYONE!"(我恨所有人!)这几个字在那扇窗户上长期张贴着,但并无人大惊小怪,或驻足观看,或指手画脚,似乎大家对此都已司空见惯。据说,张贴者是一位性格开朗、与人为善的女生,只不过是恶作剧而已……

另外,波士顿所在的麻省是美国最早承认同性恋合法并可给同性恋者登记结婚的州,在很多人看来,这一定与崇尚自由精神的处在波士顿核心区域的哈佛大学有关。

就是这样,哈佛大学的教师们尊重同学们个人情感的表达方式,前提是这种表达不违背法律,不违反公共价值和信仰。正是这些造就了哈佛大学独特的校园文化风景。当然,校园文化建设应该因地制宜,应该符合国情、校情,哈佛大学的经验只可用来借鉴,绝不能照搬,更何况即使是世界一流的哈佛大学,其校园文化中也有许多弊端、缺陷和糟粕,也有很多文化垃圾。对此,我们应持批判的态度。所以,作者认为北京大学教授、著名美学家叶朗先生所讲过的话还是有一定道理的:现在很多大学盲目与国外大学攀比,动不动就学习哈佛,但如果哪一天北大真的就办成哈佛了,那么,也许这一天就是北大的末日。

大学改革　章程护航

伴随着《国家中长期教育改革和发展规划纲要(2010—2020)》的制定和审议通过,大学是做什么的、什么是大学、如何办大学和办什么样的大学成为前一个时期高等教育讨论的热点,随后,“大学章程”呼之欲出、应运而生几乎成为一种必然逻辑。

2012年伊始,《高等学校章程制定暂行办法》正式实施,由26所高校先行试点,全国范围内的大学章程制定和修订工作渐次全面展开。教育部政策法规司司长孙霄兵在一次讲话中,将高校章程比作大学的“宪法”或者“宪章”,更是“一石激起千层浪”,引发了关于现代大学改革发展的热烈讨论。

大学务本,本立而道生

“学术”,无疑是大学章程的核心关键词之一。大学章程的制定,最引人瞩目之处恰是以管理制度的形式,厘清行政权力与学术权力的边界,明确各自的运行机制。“教授治校”和“大学去行政化”再次成为一时舆论热点,而如何进一步规范学校内外部权利义务关系,优化高校学术环境,努力形成行政权力对于学术的服务与支撑,更是成为讨论的关键。因此，有专家惊呼大学章程吹响了高校“立宪”的号角，可为现代大学办学之道正本清源，保驾护航。

事实上，已经出台和正在修订的大学章程，无不致力于进一步明确高校在人才培养、科学研究、服务社会、推进文化传承创新等各方面的任务，界定高等学校的举办者、主管教育行政部门与高等学校的关系，从而促进高校完善治理结构、推进科学发展。在一个机遇与挑战并存、改革迫在眉睫的新时期，制定大学章程，让处在十字路口的高校得以回望校园，重新梳理自身的历史和文化脉络，深入探寻现代大学的立校之本。

孔子弟子有子云。“君子务本，本立而道生。”大学之道亦应如是。

有章可循，程序正义

观“章程”二字，正在于一是有章可循，二是程序正义。

《高等学校章程制定暂行办法》“总则”开宗明义地指出章程是高等学校依法自主办学、实施管理和履行公共职能的基本准则，其后更以五分之一的篇幅，详尽规范了大学章程的制定程序，并专辟一章，以九项条款诠释了大学章程的核准与监督规范。现代大学的章程再也不能流于官样文章，而必须做到经费、学科、管理架构、社会合作等各个方面处处有章可循，决策、监督、评价、保障等诸类体系尽皆程序正义，切实指导高等学校科学规范的运作与发展。

自立校之本而下，高校办学之道紧扣学校发展，条条落诸规章制度，丝毫含糊不得。对于每一所高校而言，既定章程都应当诠释大学定位，突出办学特色，解决实际问题。极强的可操作性和严谨的程序规定，是现代意义上的大学章程区别于传统校规的显著特点。

“宪法”的精神

大学章程并不是真正意义上的国家法律，但得以冠之大学“宪法”或“宪章”之名绝非偶然。一方面，大学章程关系到高校与政府、社会、师生之间的良性互动，在新形势下高校改革发展大潮中起到了纲领性的作用；另一方面，章程也最恰如其分地体现了民主与以人为本的精神。

按照教育部第 31 号令的要求，高等学校应当公开章程，接受举办者、教育主管部门、其他有关机关以及教师、学生、社会公众依据章程实施的监督、评估；必须体现以人为本的办学理念，突出对教师、学生权益和地位的确认与保护。《高等学校章程制定暂行办法》在大学章程的制定程序中强调，高等学校应当按照民主、公开的原则，成立专门起草组织开展章程起草工作。

章程的大学“宪法”之称名副其实，因其与社会主义法制精神以及现代大学理念的高度契合。一部合格的大学章程，必然是一部把学校与教师、学校与学生、教师与学生的关系建立在“以人为本”的核心理念上、充分考虑和尊重学校各主体利益与意见的表达权利的章程。大学的自主办学，自大学章程制定的自主原则而始，即章程要着力完善学校自主管理、自我约束的体制、机制，充分反映学校的办学特色。正因如此，章程制定的过程，同时也便将成为“学校凝聚共识、促进管理、增进和谐的过程”。

大学生命:质量是灵魂　创新是血脉

历届政府工作报告都反复强调,要深入实施科教兴国战略和人才强国战略。高等教育要提高教育质量和创新能力,大力推进科技创新,加强国家创新体系建设。

在我国改革开放的历程中,自从国家确立科教兴国战略和人才强国战略,就始终把质量和创新作为高等教育的第一要务,作为大学常抓不懈的永恒主题。近些年来,随着国际竞争的日益加剧,以人才为核心的综合实力较量越来越成为焦点,教育质量和创新能力愈加成为以人才培养为旨归的大学的生命灵魂和血脉。

质量是大学的灵魂,也是大学之所以成其为大学的最根本保证。据统计,500 年前成立的社会组织当中,已有 83% 被历史所淘汰,迄今仍存在的仅有 85 个,其中 70 个是大学。大浪淘沙,大学之所以能够经受风雨考验立而不败,必定在于它首先保证了办学质量的生命线。英国政府于 1992 年颁布《继续教育与高等教育法》,以法律形式确定了经费与质量挂钩,并成立了专门的高等教育质量保障局,全面负责高等教育质量评估工作。质量评估对来自教育主管部门和学校行政部门、社会、家长、教师特别是广大学生的各项指标、数据进行综合归纳和分析,达不到质量要求的专业、学科甚至学校立刻勒令整改、停办或关闭。英国伯明翰大学文化与社会学系，前身是被国际公认为文化研究发源地的当代文化研究中心（CCCS），曾建立了声名显赫的“伯明翰文化学派”，曾经影响过文学、社会学和文化研究一代又一代学人。但是，就在2002年的春天，这个有着50多年历史的文化与社会学系因质量评估不合格，被迫关闭，所有职员被迫分流。在质量面前，历史往往就是如此无情！

时至今日，“质量评估”已经成为世界各国高等教育管理界最热门的关键词之一，不仅是大学与其他社会组织之间的竞争日益加剧，大学与大学之间、学科与学科之间的竞争亦愈加激烈，可以预见，未来500年的大学竞争与发展也一定是质优者胜，质劣者汰。

创新是大学的血脉，是大学发展永不枯竭的动力源泉，也是大学精神得以传承的保障。自从有大学雏形起，对新知识的渴求、对发现与创造的热望便凝结在高等教育的宗旨里。德国大学理念的奠基人洪堡认为，高等教育的目的就是“教育人去进行创造性的思维，去进行和展开符合道德原则的行动”。哈佛大学对本科生使命的陈述，在今天仍然坚守“哈佛的教育应该鼓励学生去探索、创造、挑战、领导”。其被后人视为哈佛校训的名言“以柏拉图为伴，以亚里士多德为伴，更以真理为伴”，始终引导莘莘学子不断探求、不断创新、不断发现。也正因此哈佛大学在不断充满活力的生命历程中历久弥新。

曾经担任美国政府财政部长的萨默斯，47岁担任哈佛大学校长，上任5年后的2006年发生被逐下台的事件，直接原因是因为在麻省理工大学的一次经济学研讨会上，他信口放言男性在创新能力方面远远胜过女性。这看似仅仅带有“性别偏见”的一句话，被哈佛师生指责为萨默斯本人对大学创新能力认识不足的言为心声的本质流露，不再适合担任视创新为生命的哈佛大学的校长。

显而易见，创新者立，守旧者败，是未来大学发展的必然趋势。高等教育丧失质量，则一定华而不实；大学缺乏创新，则必然滞而不前。与此同时，质量和创新又相辅相成，共同铺就高校发展和前进的坚实基础。唯有质量之提高，才可能有创新型人才脱颖而出；唯有创新之纷呈，才可能使教育质量不断得以提升。

东汉许慎有言：“教，上所施，下所效也；育，养子使作善也。”

高等学府是教化培育高端人才的殿堂，承载着净化人的灵魂、升华人的品格和提高科技水平、推动科技进步的重任，在培养创新人才和建设创新型国家中负有重要的历史使命。站在我国整个教育体系的最高端和创新人才培养的最前沿，我国高等教育近年来快速发展，高校格局和面貌均发生了深刻变化，人才结构和层次日趋完善，高等教育的学术水平持续提高，国际化进程也明显加快……但是，越是在这样的时候，也许越容易忽视和松懈严把人才质量和创新能力关。教育部《关于全面提高高等教育质量的若干意见》《高等学校创新能力提升计划》是进一步落实《国家中长期教育改革和发展规划纲要（2010—2020）》的具体措施，是高等学校进一步提高教育质量，坚持教育创新的实施方案，体现了高等学校秉承以人为本的科学发展宗旨，为我国现代化建设和经济社会的整体崛起提供更为有力的人才支撑和智力支持的目标和信心。

大学校长:职业化与学术性

在就职演讲上,人们久已习惯了听到宏图远略的规划,看见“大有可为”的决心,但近年来,国内多所知名大学的校长在上任之际,却纷纷发出了“有所不为”的声音。北京外国语大学、北京师范大学和湖南大学的新任校长,在面向全校师生的履职承诺里,都不约而同地提到了校长任职期间不再申报新科研课题、不再招收新的研究生等内容。在明确工作要点、理清职责边界之时,大学校长们也做了一次减法,一时间引起了媒体热议,颇受舆论好评。

其实,早在2011年底,我国首次面向海内外公开选拔东北师范大学和西南财经大学的校长之时,“熟悉高等教育规律,有较丰富的办学治校经验”都是清晰在列的必备条件。认为大学校长首先应该是“学术权威”的固有观念似有淡化的趋势,而具有丰富的教育管理经验渐成大学校长的重要条件。从专家到教育家,从高度学术性到渐渐职业化,其变化轨迹已清晰可见。

或许,唯有“有所不为”,方能“有大作为”。选拔学术权威为大学掌门人,以“双肩挑”的重任寄望一校之长,固有其长期以来的历史成因,但归根结底,校长一职毕竟是一个服务性的管理岗位。在高等教育全球化的背景下,现代大学承担着教学、科研和社会服务的多元职能，社会环境的多变性、管理工作的复杂性及个人精力的有限性都给大学校长带来了前所未有的挑战。为适应中国高等教育事业改革和发展的需要，强化大学校长的职业化色彩，对大学校长的身份予以重新定位，不仅十分明智，而且极为必要。

事实上，这一变化也并非我国才有的新鲜事，而是与国外很多知名学府的治学理念不谋而合的。

耶鲁大学第 22 任校长理查德·雷文教授，是美国常春藤盟校中任职时间最长的校长。在他任期间，耶鲁在美国大学排行榜上始终位居前列，多次排名榜首。然而耐人寻味的是，在长达 12 年的校长生涯里，雷文没有带过一个研究生，也没挂名领衔做过一个具体的科研项目，12 年里他只出版了一本专著，题为《大学工作》。同样，英国剑桥大学校长艾莉森·理查德教授在第二届中外大学校长论坛上也公开说道："我作为校长，很难兼顾科研与校长的工作……要使剑桥大学保持一流大学的位置，要使之走向更辉煌的目标，这是我需要明确的工作重点。"我在写作《阅读哈佛》时曾与美国哈佛大学前任校长德里克·波克和现任女校长茱·福斯特交谈。拥有法学专家背景的德里克·波克在 20 年的哈佛校长任期内，全身心投入的是如何管理学校这部"律法"，他有一个著名演说的题目即是《大学校长的作用》，而茱·福斯特在实现从著名历史学家到大学校长的"华丽转身"之后，更是连别人邀她作序、写书评都全然婉拒。

这些校长的选择，绝非偶然为之的个案。在很多发达国家，校长由选聘委员会负责遴选，选出之后对学校董事会或者理事会负责，在校长任期内，他更接近于“职业经理人”的角色。在很大程度上，选择成为校长，就意味着必须对学术生涯有所牺牲。这样的约定，是基于一个基本的理念：每个人的能力是有限的，更是为了维护高等教育管理工作的专业性，保障大学的科学化高效运转。

当然，“职业化”呼声的高涨和中外大学校长们不无默契的表态，并不意味着对学术价值的轻视。事实上，对于中国的大学校长来说职业化是追求，而学术性则是前提。作为学术组织领导者的大学校长，能够遵循高等教育的发展规律、制定适合校情的发展战略至关重要。出色的学术基础和充足的学术训练，有助于加深管理者对于高等教育的理解，更是科学治校的必备基础。让具备良好学术背景的校长专注于管理工作，恰恰就在于期待通过加强管理工作的专业供给，提升高校的整体水平。

我国政府曾明确提出：教育行政化的倾向需要改变。大学校长职业化，既可以强化学校管理，也有利于明晰学术权力与行政权力的边界，已成为解决高校去行政化这一难题必然要迈出的一步。现代大学越来越明确地要求其管理者具备广阔的全球视野，能够根据学校现状和未来愿景，设计中长期发展蓝图与战略规划，切实提升大学综合实力。现代大学校长并不一定要是一流的学者，但必须懂教育、懂管理、有较强的社会活动能力。高等教育改革，其管理者理应首当其冲。其实，反观历史，学养深厚如蔡元培、梅贻琦等前辈先贤，也是以教育家之名而名垂青史。

大学精神与中国精神

“大学”的概念常被认为是“西学东渐”之后的舶来品，但事实上，我国西周时即有“太学”之名，汉代太学兴盛，尊崇儒家学说、倡导通经致用，已堪称古代大学的原型，流芳后世的汉唐文明即由此肇始。

“四书”之首《大学》更开篇明义：“大学之道，在明明德，在亲民，在止于至善。”短短十六字，被称为“大学”之三纲，由此奠定了中国传统文化中关于教育的核心理念。

现代意义上的大学，种种规章制度当然会在很大程度上不可避免地受到外来文明的诸多影响，但“明德”、“亲民”、“至善”的大学精神却始终蕴含在中华文明的精神内核之中，历经战乱祸患、朝代更迭而从未断绝。

20 世纪 40 年代，在中华民族内忧外患、全国人民奋起救亡图存的危急时局下，陶行知先生再次提出：“大学之道，在明民德，在亲民，在止于人民之幸福。”陶先生继承经典文化精髓而更新两点，将知识者对社会与人民的关怀视为现代大学理念的根本，反映了一代杰出的教育家立足大学教育而关注时代民生的深远眼光。追求真理而厚德爱民，先天下忧之忧而忧，后天下之乐而乐，这是中国传统文化千年孕育的情怀，也正是知识分子应有之品格，中华文明的精神传统与现代大学的精神诉求不谋而合，共同展开了我国大学真正走向现代化的新篇章。

显而易见，大学作为知识的集中地，担负着传播专业知识、培养各个领域专家型人才的重任，但是大学之所以称之为“大学”，关键在于其文化价值观和精神境界。高等教育的理想绝非局限于“传道授业”，而更是要引领时代风气之先，促进文化繁荣发展，培养善于独立思考，勇于为社会、为人生“解惑”的知识分子。

21 世纪以来，中国的高等教育进入了一个改革与发展的关键时期，大学的面貌也发生了深刻的变化。大学校园旧貌换新颜，大楼林立，生源激增，但关于大学精神的探讨却不但不会销声匿迹，反而会越发引人瞩目。梅贻琦先生关于“大学者，非谓有大楼之谓也，有大师之谓也”的金玉之言虽常常如雷贯耳，但在新形势下，如何真正追寻大学精神、铸造大学文化，却往往仍存困惑与忧虑。

其实，对于大学精神的探讨必然不能离开对于中国精神之思考。若将两者割裂开来，将大学视为游离于现实社会之外的“象牙塔”，或将“精英教育”区别于千百年来各族人民共同滋养的精神土壤，那么再美好的大学精神设想也只能成为无本之木。

现代大学的功能，包括培养人才、发展科学、服务社会和引领文化。这一方面是指大学积累了人类先进文化成果的重要成分，具备传承文明成果，传播大学人文精神、科学精神与创新精神的天然使命；另一方面，它也说明大学通过培养和输出优秀人才，在积极地参与社会文化的建设。大学精神归根结底还仍然是中国精神的有机组成，并且应当是中国精神中最具引领力量、最有先进文化导向性的部分。

大学精神，首先应当是对中国精神的最好的传承。中国是四大文明古国中唯一未曾遭遇彻底文化毁灭的国家，中华文明滋养下的文人也同样是一个精神极为顽强的知识分子群体。宋代大儒张载将中国传统文人的理想总结为“为天地立心，为生民立命，为往圣继绝学，为万世开太平”，治学与为人的至高追求在传统文化与传统学人的精神世界里合而为一，奏响了中国文人精神的最强音。作为“研究高深学问”之场所，作为知识与文化的集结地，现代大学首先应当珍惜、借鉴和继承中华文明的宝贵遗产，汲取传统文化的精华，并令中国精神维系不坠。

同时，大学作为文化中心，更应该对社会文化起到积极的引领和辐射作用，应该成为引领社会文化向更高层次发展的有生力量。

今人谈蔡元培，往往为“循思想自由之原则，取兼容并包之主义”的振聋发聩之声所鼓舞，但其实，蔡校长对于大学教育的远见卓识不唯于此。在《教育独立议》中，他这样阐释教育的意义：教育是帮助被教育的人，给他能发展自己的能力，完成他的人格，于人类文化上尽一分子的责任。蔡元培先生在这里十分精辟地指出：教育的最终功能，不仅仅是以文化育人，更重要的是要人们共同参与到对人类文化的建设中来。这是蔡元培先生对中国古代大学精神的现代解说，也是在这个“中华文化走出去”和“中华文明大发展”的时代，我们尤其应该铭记的。

百余年前梁启超先生振臂呼喊“少年智则中国智”，那么，在时代发展的今天，汇聚了少年与大师、凝结了千百年来先进文化精华的大学，在中国国家文化建设的大浪潮中更加应该当仁不让。大学精神萌芽生长处，当是中国精神之真正未来。

大学的中心

对公众来讲,学校——包括高等学校——要以学生为中心,这本应是一个天经地义、不言而喻的事情。然而,在现实的高校管理和运行过程当中,离真正落实以学生为中心的公众诉求还有一定差距。

最近,北京的一位大学校长在某个大会上说:“大学,始终是要以学生为中心的。”令人没有想到的是,这句听上去平常而且正常的话,却引起了一些教师的质疑。有些教师认为,学校就像部队一样,“铁打的营盘流水的兵”,学生一茬又一茬都会离开学校,怎么以他们为中心?还是以教师为中心更为务实吧!另有一些教师提出:在中小学阶段,提倡学校以学生为中心是必要的,但在大学并没有以学生为中心的必要。

两种看法思路虽异,但落点相同。在我看来,持第一种看法的教师可能出于这样一种逻辑:高校把中心和重点放在教师身上,解决教师的后顾之忧,就能稳定教师队伍,让他们安心教书,而且只有有了好的教师才能培养出好的学生。持第二种看法的则是另一种逻辑:中小学是学生的成长期,是他们世界观、价值观形成的关键时期,同时教育的目标是升入更高一级学府,所以应成为学校关注的焦点和中心。而大学生、研究生已是成年人，要给他们独立思考和自主意识的空间，所以不应成为学校的中心。这两个逻辑看似有一定道理，但若仔细查考则不难发现，不把学生放在高校的中心位置，而一味强调以教师为中心，会为高校教学和管理带来不少负面影响。比如：为保住“乌纱帽”或获取选票而笼络甚至一味讨好教师；把原本应该花在学生身上的心思和经费，用来建大楼、发论文、搞平台、拼奖项等等。

二十年前，曾任复旦大学校长和英国诺丁汉大学校长的杨福家教授接受记者采访，在被问到两所高校有何不同时，他说，最深刻的感受是学校要以学生为中心，这已经是当今世界教育的潮流。十年前，华中科技大学校长、中国工程院院士李培根在接受记者采访时也在强调“学校教育要转向以学生为中心”的观念。他认为，现代大学要办以学生为中心的教育，之所以这样说，是因为传统的教育模式实质上是以教师为中心。事实上，十多年过去了，学校以学生为中心的理念的落实仍步履维艰，其关键就在于高校的管理者是否能够转变观念。我们必须承认，在现实中，教育以学生为中心在很大程度上其实只是停留在高校管理者嘴边的一句口号而已，而真正涉及人才培养和学生切身利益的问题的解决程度，往往还要打上一个大大的问号。

在高校，我们常常听到这样的话：“今天我因学校而骄傲，明天学校为我而自豪。”这表明，一所大学如果能够处处为学生着想，培养出很多在智商、情商上均非常杰出的毕业生，就会提高这所大学的社会声誉，就会为这所大学带来社会效益和经济效益。

可喜的是，最近一轮教育改革方案也提出，高校教师也会成为“流水的兵”，这为进一步推进和落实大学向以学生为中心转变提供了更大的动力，而以学生为中心的问题如果真正解决了，大学办学过程中的许多问题，如提高质量的问题、经费不足的问题等等，也就都能迎刃而解，也只有这样，才能真正回答著名的“钱学森之问”提出的问题。

建设一流学科　避免“近亲繁殖”

教育部学位与研究生教育发展中心每次公布学科评估结果，均会引起社会热议。据有关部门介绍，学科评估历时一年，按照自愿申请参评的原则，采用客观评价与主观评价相结合的方式，所需数据由相关政府部门、社会组织公布的公共数据和参评单位报送的材料构成。通过对相关数据的公示、核查，同时还邀请了学科专家、政府部门及企业界人士进行主观评价，在此基础上形成最终评价结果。

尽管参评的和未参评的高等学校和科研机构，对历次学科评估的指标体系设置、数据统计方式以及最终评估结果，都会有不同程度的“不服气”甚至质疑，但学科评估毕竟为业内各单位了解彼此间学科现状、促进自身学科内涵建设、提高研究生培养和学位授予质量提供了参考数据，为学生选报学科、专业提供了参考信息，同时，也有助于社会各界了解有关高等学校和科研机构建设的状况，这也是开展学科评估的根本目的所在。

《国家中长期教育改革和发展规划纲要(2010－2020)》提出建设世界一流大学和一流学科的“双一流”目标。当前，各高等院校和科研院所都在围绕这一目标要求，进行学科和人才队伍体制机制的改革和创新。学科评估也在指标体系上采取了改革措施，在数据的可靠性上采取了保障措施，力求评估科学合理，结论更加客观。值得注意的是，在“师资队伍与资源”指标中，评估对“近亲繁殖”现象有一定分值体现。

学术领域特别是高校和科研机构师资队伍与资源的“近亲繁殖”问题，已经不是一个新鲜话题。早在20世纪80年代末期，教育行政部门就曾采取过一些措施予以规避，产生了一定效果。2006年，中国人民大学顾海兵教授等人根据调查资料，得出中国大学的近亲繁殖程度数倍于海外同行，而且“越是知名度高的大学，其‘近亲繁殖’现象越是严重”的结论，这一话题再度引发讨论。最近两年，学术领域的“近亲繁殖”现象不但未见减少，甚至有积重难返、愈演愈烈之势，又一次引发教育界以及社会公众的高度重视。

“近亲婚育，生子不番。”“近亲繁殖”的后果可见一斑。

虽然能不能建设成为世界一流学科的问题，并不仅仅在于师资队伍与资源，但师资队伍与资源的“近亲繁殖”显然是阻碍建设世界一流学科的一颗“毒瘤”。师资的“近亲繁殖”，必然导致学术的“近亲繁殖”，滋生“学术江湖”，导致独霸一方的“学霸”；必然产生学术怪胎，妨碍学术创新，影响人才发展，对学科建设更是有百害而无一利，其种种恶果自不必列举。问题在于，为何“人人喊打”，却“打而不尽”？为何这颗“毒瘤”蔓延之势“杜而不绝”？原因当然是多方面的，既有文化传统的原因，也有社会观念、就业压力等等方面的原因，但更重要的还是没有形成一种避免“近亲繁殖”、促成良性循环的约束制度和运行机制。针对此，《全国教育人才发展中长期规划（2010—2020年）》提出，要大力改善高等学校教师学缘结构，逐步减少和消除“学术近亲繁殖”现象；鼓励高等学校大幅度减少或者不从本校毕业生中直接聘任新教师，并逐步形成制度规范。事实上，20 世纪 80 年代避免“近亲繁殖”的政策规定是产生了一定效果的。在目前高校办学自主权下放越来越多的情况下，避免“近亲繁殖”恐怕更多地要依靠各高等院校和科研机构以学科建设和教育事业发展为目标，摒弃陈规，割除偏见，制定出相应的规避“近亲繁殖”的制度来。

2006 年，我和几位同期在哈佛大学进修的学者应邀参加该校研究生院举办的一项学术活动，当我们介绍各自的教育背景时，谈及我们在某所国内大学读了本科、硕士、博士又留校参加工作，对方表现出不可思议的诧异。他们说，这种情况在美国高校是绝不会发生的，他们在制度上和政策上就不允许，而且形成了人所共知的规则。近些年来，我国教育国际交流步伐的进一步加快，教育国际化程度的大幅度提高，“长江学者”等各项人才计划以及“协同创新计划”“双一流”计划的实施，都为建设世界一流学科搭建起很好的平台，也为避免“近亲繁殖”提供了很好的契机。教育界应该充分利用这一平台，抓住这一契机，创新体制机制，借鉴海外人才培养和队伍建设的先进经验与模式，根除“近亲繁殖”弊端，让学科走向一流，让教育走向一流。

“囊括大典，网罗众家；思想自由，兼容并包”乃蔡元培先生博采众长、海纳百川的教育理念，面对建设一流学科、避免“近亲繁殖”的呼声，从其中汲取智慧和启示，正当其时。

教育改革永远是进行时

已经过去的 2014 年,教育改革之声响遍神州大地,贯穿整个甲午之年,取得了很好的舆论认可度。教育改革,无疑已成为 2014 年教育界最受瞩目的关键词。因此,有人将 2014 年称为“教育改革年”。其实,教育改革是不会随着一个年度的终结而画上句号的,因为教育改革永远是进行时。

回顾改革开放 30 多年的历程,教育改革的脚步从来没有停止过,也从来没有放慢过。《国家中长期教育改革和发展规划纲要(2010—2020 年)》更是提出了 10 年的改革和发展规划,在规划纲要的宏观指导下,每年都会提出新方案,采取新举措,做出新动作,教育改革已成为一种新常态。

历届政府都把深化改革开放作为执政的首要任务,教育改革自然也是题中应有之义。党的十八届三中全会通过的《中共中央关于全面深化改革若干重大问题的决定》就包括全面深化教育综合改革的方案,提出了一系列教育改革的措施,同时强调分步实施。这是符合教育规律的方案,因为没有一步到位的教育,也没有一蹴而就的改革。

于是,我们可以看到,北京大学、清华大学等高校的综合改革方案是在 2014 年岁末才获批准的,在 2015 年才开始启动;国家考试招生改革实施意见是在 2014 年 9 月发布的,教育部并未急于发布高考改革配套方案，而是在充分调研、周密部署之后于 2014 年年底才连续发布，这些方案也是 2015 年才开始实施。这些均充分说明，每一年都是教育改革年，教育改革只有进行时，没有完成时。

“十年树木，百年树人。”事实上，按照《教育改革：战略与策略》一书的作者、国际著名教育改革理论家哈维洛克教授对“教育改革”的定义，只要教育依然存在，教育改革就不会停止。他说：“教育改革就是教育现状所发生的任何有意义的转变。”这意味着，只要社会对教育现状有所诉求，教育现状就要改变，教育改革就会发生。与此同时，教育改革又是一个系统工程，不仅各级各类教育各有自身规律，而且不同阶段的需求亦不相同。比如，随着社会的不断进步和发展，教育公平问题从来没有像今天这样成为公众最为迫切的社会诉求，而教育改革的目的就是要不断满足广大人民群众对教育的各种诉求。

教育要发展，根本靠改革。教育改革永远是进行时，意味着改革要实事求是，要因时因势制宜，而绝不能为了改革而改革。实事求是的教育改革，既要在源头上务实以解决为什么改革的问题，也要在过程中务实以解决怎样改革的问题，更要在效果上务实以解决是否实现了改革目标的问题。

教育改革永远是进行时，也意味着教育要进行持续不断的改革，意味着稳步前行的同时还要进行一定程度的“修修补补”和“反反复复”，甚至在某些阶段还要痛下决心，做切除教育毒瘤的“大手术”……

教育改革，与你我同行，让我们共同见证！

心通民亲

◎文明之源
◎回归古典
◎我们需要一所“文学孔子学院”
◎“新轴心时代”的侨易学
◎“拿什么奉献给你？”
◎从硕士面试看日本文化传播之路
◎记录当代中国
◎一部作品　一段人生
◎作为文化“走出去”载体的图书
◎关键是心灵的和谐
◎何以美文？
◎“中国通”

文明之源

刚刚看完国家主席习近平在2016年20国集团工商峰会开幕式上进行主旨演讲的直播，心潮澎湃。他在这篇题为《中国发展新起点 全球增长新蓝图》的演讲中说：杭州是中国的一个历史文化重镇和商贸中心，有千年以上的历史。千百年来，从白居易到苏东坡，从西湖到大运河，杭州的悠久历史和文化传说引人入胜。杭州是创新活力之城，电子商务蓬勃发展，在杭州点击鼠标，联通的是整个世界。杭州也是生态文明之都，山明水秀，晴好雨奇，浸透着江南韵味，凝结着世代匠心。随后，习主席还简单讲述了他本人在杭州工作过6年的经历，走遍了杭州的山山水水……

习近平主席质朴易懂的表达和语言风格，让人感到亲切，没有距离。这让人想到同在杭州紧锣密鼓准备峰会大型演出的张艺谋，在接受中央电视台记者采访时说的令人印象深刻的一句话：要让人看得懂。

这说明语言表达和语言风格的形式很重要，要表达的内容更为重要。这期“汉风专刊”中的三篇文章都是既照顾了形式风格，又重视实际内容的佳作。泰国作者杨美英的《英拉的小名是“螃蟹”——泰国108“将”》用简单易懂的叙述，告诉了我们泰国人小名的故事，让我们了解泰国大众文化当中最为“草根”的部分，以及其形成之源。伊朗作者叶席的《老鹰与乌鸦》用寓言的形式表达了深刻的人生内涵，极具波斯文学特色。杨溢的《洹梦》则更是我要浓墨重彩推荐的优秀散文作品。作品洋洋万言，恢宏洒脱又不失质朴大方，将历史文化叙事融入豪情抒发之中，令人有回肠荡气之感。

论今必然谈古，即透过历史文化，描述今天文明的进步和发展。在前述习近平主席的讲话中，也是先讲杭州的文化历史，然后透过这些告诉世人杭州既有着深厚的历史底蕴，又是开放包容的。

我们知道，人类历史上的几大文明当中，中国文明是唯一没有中断过的。之所以如此，我们需要察看其文明之源，为有源头活水来，才能让长河流动不断。《洹梦》通过对洹河源流的追忆，从“溯源”“寻片”“流变”“园有桃”“梦醒”和“逐日”等六个部分，让人重新了解和认识洹河的过去和今天，讲述“中国故事”，讲述中国的历史和未来，讲述中国文明之源及其流变，的确既是一部抒情诗篇，同时又是一部叙事诗篇。

回归古典

站在古希腊罗马时期遗留下的剧场中央环望八方，驻足于公元前五六千年产生的出土文物前注目凝视，我们常常会惊诧于先人无与伦比的创造力，并发出感叹：这绝不是历史的废墟，而是文明的古迹！

我们对古典时代充满无尽的遐想，与此同时，对未来世界亦充满无穷的期望。于是，回归古典、回归古典，一遍遍萦绕在耳边。古典，为何有如此大的力量，以至经历数千年世代更迭后，仍让今人流连忘返、呼唤回归？我想用三个字来回答：想象力。想象力，是所有文学艺术的创造力的源泉，也是今天人们对古典时期充满好奇的动力。毫无疑问，文学艺术的最大的魔力和魅力均来自于创造者的艺术想象。转眼间，英国作家 J. K. 罗琳(J. K. Rowling)的奇幻小说《哈利·波特》流行的顶峰时期已是十多年前的事，罗琳小说的成功明显来自其特殊的想象力，因此被称为“奇幻小说”。“《哈利·波特》热”带动了文学界对奇幻小说的挖掘。人们发现，20 世纪 30 年代，C. S. 路易斯(C. S. Lewis)和挚友 J. R. 托尔金(J. R. Reuel Tolkien)在牛津一家小酒馆约定各写一部奇幻史诗，于是两部关于信仰和想象的伟大著作《纳尼亚传奇》和《指环王》应运而生。据说，常在酒馆参与他们聚会的还有当时的牛津大学校长。美国辉顿学院(Wheaton College)威恩·马丁戴尔教授(Wayne Martindale)曾专门研究C.S.路易斯并著有多部专著。他曾经说过,一个人失去想象力不可能成为文学艺术家,一个民族若失去想象力,这个民族则会消亡。古代文明的遗迹,常常带给我们无边的联想,我们想象古代的生活,我们想象古代人的想象力与我们有无差异,我们想象如果回到古典时期将是怎样的场景……

在雅典的考古学博物馆,奥德赛考古展正在举办,当你终于亲眼看到以往在画册或影集中多次出现的绘有萨福肖像及其生活场景的陶罐时,你怎能不激动?当你看到那幅同样著名、同样画在陶罐上的希腊士兵躬身去亲吻一位女子,双方的嘴唇还有一段距离,而女子只有嘴唇,面孔只剩拼接的碎片却亦难掩其美丽时,怎能不调动你全部的想象力,去想象那样一个时刻,那样一个场景,甚至把你带至几千年前的那样一个时代?

古典学,在文学艺术界曾经有专门的含义,特指对古希腊罗马时期文学艺术的研究。今天的古典学和古典研究内涵虽然在不断扩大,甚至扩大到对中国乃至世界各国古代文学艺术的研究,都可以被统称为"古典学"。但是,无论如何,这都意味着对古典时期进行深入透彻的探索是有意义的。回归古典,也不是今天才被提及,20世纪90年代美学学者李泽厚就曾在旅居海外时提出"回归古典"的美学观念。弘扬中国传统文化,中国文化在海外走出新格局,仍然需要我们对中国的古典精神、古典文化精品进行筛选,对西方的古典理念、古典文化心理进行研究和了解,以期找到双方的契合点。

过去未去，未来已来。往后看，回归古典，是为了往前走，走得更远。海外的人对中国文化充满着想象，所以渴望前来；中国人对海外同样充满着想象，所以前往。来来往往，文化的交流与交融，就可以期待有更好的未来。

我们需要一所“文学孔子学院”

2004年6月15日，国家汉办和乌兹别克斯坦东方学院签署了建立塔什干孔子学院的协议。2004年11月，第一家孔子学院韩国首尔孔子学院正式揭牌。2007年4月，孔子学院总部在北京正式揭牌成立。从2004年至今仅仅十多年的时间里，孔子学院可谓遍地开花，已在世界上140多个国家和地区建立了500多所孔子学院和1100多个孔子课堂，其中包括美国宾汉顿大学的“戏曲孔子学院”、丹麦皇家音乐学院的“音乐孔子学院”、英国伦敦南岸大学的“中医孔子学院”以及主要教授中国太极、武术或其他传统体育项目的其他类型特色孔子学院等，还有一些不以教学为主要任务的研究型孔子学院。这些孔子学院举办的各项文化活动、组织的文化课程和研究深受当地民众的广泛欢迎，为中华优秀传统文化的海外传播和加强中国与世界各国的人文交流做出了巨大贡献。

我曾在2017年2月的《美文》杂志“汉风专刊”中提及，2016年第十一届孔子学院总部大会，专门召开了“中医、太极等中华文化对外交流座谈会”。中医、太极文化是中华民族的瑰宝，也是全人类的共同财富。当年，应各国师生和民众的需求，全球78个国家240多所孔子学院开设中医、太极拳等中华文化课程，注册学员 3.5 万人，18.5 万人参加相关体验活动，受到热烈欢迎。交流座谈会强调了中医、太极等中华文化对外交流工作的重要性，孔子学院总部与国家体育总局还签署了关于开展太极和武术对外交流的战略合作备忘录。包括中华美食在内的这些有形的文化“抓手”中，其实蕴含着非常丰厚的无形文化“风尚”和“精神”，值得大力推广。随后的两年时间里，随着各国师生和民众在这方面的需求不断增加，“艺术岗”教师和志愿者的派出量也在不断增加。

但是，我想呼吁建一所“文学孔子学院”。这是因为文学是一门综合性艺术，是百科全书式的艺术，它包罗万象，一应俱全。人类生活的历史、现在和未来，人类生活的外在和内在，人类生活中的实体和梦幻，甚至人类生活之外的世界，在文学当中都可以描述和展现。不仅如此，文学的最大优势还在于，它承载着思想、情感，哲学、伦理，承载着世界观、价值观、人生观，它是一门直通心灵的艺术，是不同国家、不同民族进行心灵沟通的有效文化载体。中外文化交流史可以证明，中外文化的沟通、人文的交流，完全可以通过文学来实现。

世界著名的诺贝尔奖奖项中，之所以设立了文学奖，也是因为看到了文学的作用和影响力，它所产生的文化历史效果显而易见。建立“文学孔子学院”，也可以设立“孔子学院文学奖”。

因此，我们需要一所“文学孔子学院”！

“新轴心时代”的侨易学

人类文明的“轴心时代”命题在雅斯贝尔斯所处的时代并未产生多大影响，而今天的人文学术界几乎尽人皆知：公元前800年至公元前200年，是人类文明精神的重大突破时期，即“轴心时代”。在这一时代，虽然中国、印度、中东和希腊之间有千山万水的阻隔，但其文化却有很多相通的地方，而且都出现了伟大的精神导师——古希腊的苏格拉底、柏拉图，古希伯来的先知们，古印度的释迦牟尼，古代中国的孔子、老子……他们提出的思想原则塑造了不同的文化传统，也一直影响着人类的生活。这种跨越千山万水的神奇“相通”与惊人“相似”，其实表明人类思想或精神领域存在着不需要物理联结的一致性。进入当今人类文明的“新轴心时代”，汤一介先生认为，跨语言、跨文化、跨学科的研究方法以及随之而来的研究方法的深度融合将成为这一时代的一个重要的特征。这一重要特征，其实也是人类思想或精神领域存在广泛一致性的再次证明。同济大学人文学院叶隽教授通过《变创与渐常——侨易学的观念》《德国学理论初探》《异文化博弈》《主体的迁变》《另一种西学》《歌德思想之形成》《歌德学术史研究》等多部专著和数十篇相关论文而初步建立起来的侨易学，就为汤一介先生的这一预言提供了非常好的学术注脚。

侨易学的核心理念是因“侨”而致“易”。“侨”强调空间维度的整合,“易”则关注时间维度的演进,其中既包括物质位移、精神漫游所造成的个体思想观念的形成与创生,也包括不同的文化子系统如何相互作用与精神变形。侨易研究注重观侨取象、取象察变、察变求易,从而找寻“大道不变,细流涌动”的规律。也就是说,无论是个体还是整体,人类的思想和精神流动是有规律可循的,而侨易思维就是要把握流转变易中的基本框架,从而对知识、思想和精神的时空流变有一个整体而精确的把握。侨易学是一种跨语言、跨文化、跨学科的研究视角或方法,它是方法论,而侨易学的意义和价值又不止步于方法和方法论的层面,它应该是一个整合了多种学科的综合体系,甚至具备了一个综合学科的雏形。

人文社会科学领域的学者如果想更多更好地理解侨易学的思想内容,三篇有关侨易研究的学术论文非常值得关注:其一,新加坡作者刘宏、张慧梅所著《侨易学之思考对海外华人研究的启示》;其二,美国作者韩子奇所著《乔迁、侨易、“桥”易学》;其三,邹振环所著《打造一片有丰满“枝叶”的理论“森林”》。其中前两篇来自海外的大学,最后一篇来自上海的复旦大学。这三篇大作分别从互联网时代的方法论创新、海外华人研究的新视角以及学术史、思想史和知识史的例证层面等角度来切入,对侨易学进行了更为深入的阐释和解读,拓展了侨易学的意义、启示和在各类学术研究中的实际应用。侨易学目前还是一个新生思想体,但随着其研究的进一步深化,定会在人文社会科学领域产生更为深远的影响。

“拿什么奉献给你?”

2017年已经如约而至。

在送别2016年,迎接2017年的时候,每个人都有对过去一年的总结,也都有对新的一年的期盼。那一时刻,我想到了曾经非常流行的一首歌——《奉献》。我们不妨重温一下这首歌的歌词:

长路奉献给远方,玫瑰奉献给爱情,我拿什么奉献给你,我的爱人?白云奉献给草场,江河奉献给海洋,我拿什么奉献给你,我的朋友?我拿什么奉献给你,我不停地问,我不停地找,不停地想。

白鸽奉献给蓝天,星光奉献给长夜,我拿什么奉献给你,我的小孩?雨季奉献给大地,岁月奉献给季节,我拿什么奉献给你,我的爹娘?我拿什么奉献给你,我不停地问,我不停地找,不停地想……

毫无疑问,2016年的中国,为世界奉献了很多很多,促进了世界的和平与发展,促进了世界各国与中国的人文交流……然而,新加坡国立大学东亚研究所所长、中国与全球化中心(CCG)学术专家委员会主任郑永年教授却曾发文质疑:“中国模式就是当代文化的贡献吗?”联想到德国汉学家顾彬教授在一次国际会议上“‘走出去’为什么会失败?”的断言，我们不得不深思中国文化“拿什么奉献给世界”的问题。

我们曾在《美文》“汉风专刊”的微信公众平台上授权发布一则“号外”——《二零一六世界文化再回首》，作者是我国文化部首任文化贸易处处长、现任中国驻南非使馆文化参赞郑文先生。凭借他本人对中国文化和世界文化的了解，他也发出这样的感叹：中国人奉献给这个世界的不仅仅是廉价的商品，是喧闹的游客，是四处出击的资本；更应是艺术大师，是文化产品，是生活方式，是价值观。比起文化资本大规模输出，文化本身的输出更有意义，也更复杂。中国文化，依旧任重道远。

可喜的是，目前不仅有一大批文化学者在思考这类问题，而且有大批的文化工作者已经在践行和尝试着通过一定的形式让中国文化在海外落地开花、生根发芽。一年一度的孔子学院大会 2016 年已经进入了第十一届，这届孔子学院大会期间，就专门召开了“中医、太极等中华文化对外交流座谈会”。中医、太极文化是中华民族的瑰宝，也是全人类的共同财富。2016 年，应各国师生和民众的需求，全球 78 个国家 240 多所孔子学院开设中医、太极拳等中华文化课程，注册学员 3.5 万人，18.5 万人参加相关体验活动，受到热烈欢迎。交流座谈会强调了中医、太极等中华文化对外交流工作的重要性，孔子学院总部与国家体育总局还签署了关于开展太极和武术对外交流的战略合作备忘录。包括中华美食在内的这些有形的文化“抓手”中，其实蕴含着非常丰厚的无形文化“风尚”和“精神”，值得大力推广。

从硕士面试看日本文化传播之路

这次选取的是一个较长的题目，比较直白，但也一目了然，读者从题目就能了解我要说些什么。

随着2018年全国研究生入学考试初试成绩公布，全国高校均开始进行研究生招生复试。北京语言大学专门史（中外文化交流史）和比较文学与世界文学专业共有25名考生进入复试。其中专业面试是复试的一个重要环节。当面试老师问及考生曾读过哪些外国文学作品时，除一位同学出于“家族原因”或“民族仇恨”对日本文学毫无兴趣外，其余所有学生回答的均是日本作家和日本文学作品。除了2017年获得诺贝尔文学奖的日裔旅英作家石黑一雄，以及夏目漱石、川端康成、芥川龙之介、三岛由纪夫、渡边淳一、村上春树等这些著名作家，学生们甚至连江户川乱步、横沟正史、松本清张、清少纳言、紫式部、松尾芭蕉、司马辽太郎、井上靖、山冈庄八、吉川英治、海音寺潮五郎、宫泽贤治、樋口一叶、太宰治、田中芳树、森鸥外、菊池宽、山崎丰子、志贺直哉等等，无论是近代的还是现代、当代的作家及其作品，都能说出一二并小做分析。而且，从他们回答问题时的神情和对作品的分析不难看出，这些作家对这些同学的生活、学习乃至人生观、价值观均有一定影响……这让我很是惊讶。更令我惊讶的是，不少同学对我国有影响的近现代和当代作家却知之甚少。同学们参加的外语考试基本都是英语，但多数都在大学阶段甚至高中时期就自学或参加课外班学习日语。当问及原因时，他们回答说，从小就被日本动漫、游戏所吸引，进而开始喜欢甚至钟爱日本文化。

显然，目前参加硕士研究生考试的同学多为“九零后”新生代，他们成长的“青春期”正是日本动漫最为盛行的时代，直至今日以文学描写和虚构为底色的动漫和游戏，已深植其精神和文化生活之中。联想到前段时间出现的“精日派”或“精日族”的可笑表演，若细究其缘由，就不难理解他们冒着违法之险，执意做出不可思议和荒诞诡异之举动的深层原因。日本的文化传播，已通过动漫这只看得见的文学、文创之手，将日本文化伸向了中国、韩国和其他国家的社会生活。当年，韩国的K-POP和“韩潮”“韩流”“韩餐”“韩剧”也曾盛极一时，但似乎并没有日本动漫如此奏效。这些均应引起我们的深思。

前段时间参加对外宣传部门的座谈会，一个中心议题即是，中国文化“走出去”最为有效的载体或“抓手”到底是什么？我一直坚持并在多种场合表达的观点是文学。经济搭台，语言铺路，文化通心。文学，是文化通心之手（首），是成就中国文化走向世界最便捷、最便于心相通、见效最快的载体。日本文化传播之路，又一次给了我们这样的启示。有人说，文学的力量就是使看似简单的事情变得很美丽，使极其遥远的陌生人成为朋友。文学工作者，文化推广者，汉推人，定当努力，生活不只是眼前的苟且，还有诗和远方。

记录当代中国

一

2017年2月19日，为期10天的柏林电影节落下帷幕。由加拿大导演乔舒亚·邦奈达(Joshua Bonnetta)和美国导演史杰鹏(John Paul Sniadecki)共同执导的纪录片*El mar la mar*(《海啊，海!》)获得了本届柏林电影节卡里加里电影奖(Caligali Film Award)。对于史杰鹏参与导演的纪录片获大奖，我一点也不感到意外，因为从2006年至今10多年的时间里，他每年都要单独或与他人合作执导一到两部纪录片，而且几乎每部片子均获大奖。这部《海啊，海!》记录的是发生在美国和墨西哥边界的人和事，虽恰逢美国新总统特朗普的移民新政闹得沸沸扬扬之时，但出于我对史杰鹏以及纪录片拍摄制作的了解，我可以肯定地说这部电影一定拍摄于特朗普执政之前。由此，我们不得不佩服两位导演敏锐且别具一格的观察力!

2006年，我与史杰鹏在哈佛大学相识，他当时在东亚系读硕士。也是在2006年，他的第一部有关中国并产生较大影响的作品《松花》问世并于2007年获奖。后来我回国工作，他从东亚系转至人类学系攻读博士学位，《松花》获奖后，他在给我的邮件中说道：

> 关于《松花》（获奖）的消息的确是好消息，而且被邀在阿姆斯特丹电影节放映，所以11月底我将飞往荷兰。但我觉得，我今年暑期在四川制作的一个关于儿童康复的医疗交流节目更为重要。我们向加利福尼亚的一个慈善小组播放了该片，他们捐赠了10万美元。这些钱将用作九寨沟一家孤儿院5个孩子到美国接受治疗的开支，他们曾被严重烧伤或有其他整形外科残疾。我们将继续这个项目，但我认为这是一个好的开端。能够为一个积极的交流做出贡献让我感觉很好。不管怎么说，《松花》是不错，但也只是一种学术性的艺术品。它可以带给人们思考，但并不能带给那些需要医疗的人们实际的治疗！

拍摄和制作《松花》的同时，史杰鹏还完成了关于中国监狱制度的硕士论文。在随后的几年间，他一边写作关于中国独立纪录片和制片人的博士论文，一边不辞辛苦地拍摄制作。其作品几乎被邀在全球所有国际电影节上放映，如柏林电影节、纽约电影节、爱丁堡电影节、阿姆斯特丹电影节、温哥华电影节、洛迦诺电影节，等等。2008年，史杰鹏完成《拆·迁》，2010年同时完成《黄浦》和《外来零件》，2012年完成《人民公园》，2013年完成《玉门》，2014年完成《铁道》……由其执导的每部电影在制作完成之后参加国际电影节，几乎都能斩获大奖：《拆·迁》在历史悠久、全球知名的国际纪录片电影节 Cinema du Réel 上获得尤里斯·伊文思大奖,《玉门》同时获得评委会奖;《外来零件》在瑞士洛迦诺国际电影节上获得金豹奖和特别评委奖两项大奖;《人民公园》在有着50年历史的意大利人民电影节(Festival dei Popoli)上获得最佳人类学电影奖,并在美国安阿伯市电影节上获最佳摄影奖;《铁道》在瑞士洛迦诺国际电影节上再次获得金豹奖……

史杰鹏博士毕业之后,曾经被美国康奈尔大学全职聘任,后来他为了能够获得更充裕的时间导演制作他钟爱的电影,受聘到位于芝加哥的美国西北大学。他的作品,除了2017年刚刚获奖的这部《海啊,海!》之外,都是有关中国或中国人的,而《松花》《拆·迁》《黄浦》《人民公园》《玉门》《铁道》的拍摄地更全都是在中国。他用自己的电影记录和讲述"中国故事",用自己的思考影响着中国纪录片,收藏在哈佛大学图书馆的他的博士论文《中国独立纪录片制片人研究》也已经在中国业界产生了很大的影响,他被业界的许多中国人称为"当代的伊文思"。

二

著名影响人类学家迈克尔·赫兹菲尔德(Michelle Hersfeld)曾给史杰鹏授课,他曾说过:"人类学就是为那些在社会上不能发声的人发出他们的声音,就是为弱势群体说话。"史杰鹏的《拆·迁》《四川记事》就带有这种性质,把生活在社会底层的工人们的生活展现出来,他们的笑和泪都是那样真实，那样可爱和朴实。不过，史杰鹏拍摄纪录片并不完全都是抱着这个目的的，比如《松花》就不是这样。当时，松花江刚刚遭受过污染，很多无良媒体故意渲染其受污染程度，而史杰鹏的镜头却是客观的。

史杰鹏在哈佛大学时的博士生导师、著名医学人类学家凯博文（Arthur Kleinman）特别注重人类学的道德层面，他在《道德的重量》中写到一个参加了越南战争的美国人，战后回国家庭美满、事业有成，可是却因为无法忘怀那场战争中自己的所作所为而自杀了。同时，凯博文认为，“从一个人的身体状况就可以看出他所处的社会是怎样的”。这里的“身体状况”不仅仅是指人的健康情况，它更多包括的是一个人外在的姿势、表情、行为方式等，比如坐姿、走路的姿势、和别人说话时的表情等都可以透露出一些社会文化方面的状况。史杰鹏在自己的作品中，也贯穿着道德的精神和透过外在影像触及内在本质的理念。

田野调查是人类学非常重要的部分。史杰鹏虽未有过严格意义上的人类学或社会学田野调查，即在某个特定拍摄地生活两三年的经验，但他通过摄像机，通过对话来进行的调查注重的就是参与、观察和记录，通过感官去了解，这也是一种田野调查。这比许多人类学家拘泥于形式的所谓“调查”还要重要。比如，很多人类学家在中国做研究都会选择去云南、青海待很长一段时间，做一些所谓的“田野调查”。这是现在人类学研究的一个误区，认为只有在不发达地区，在少数民族才有人类学田野调查的价值，其实在发达地区同样存在研究的价值,《外来零件》就是一个很好的例子。

在史杰鹏看来,这其中还存在一个“权力”“地位”的问题,一个受过良好教育、生活丰富快乐的人类学家到一个偏远地区去“调查”,由于他和当地人的社会地位是不一样的,无法真正了解当地人的情况,很多人在那里待了一两年的时间,回到北京后写一篇介绍当地人的文章,这样就显得有点奇怪、造作,也不会有什么影响力。人类学家可以用一种开放的方式去做研究,这样可能更有影响力。中国的文化人类学家,或社会人类学家,一般都选择和少数民族在一起生活一段时间,以便更好地了解他们的文化。而其实社会人类学研究不一定要研究少数民族的文化,也可以研究主流的文化。就像一个汉族人可以研究汉族人是怎么过日子的,不一定非要研究少数民族。他认为,拍摄导演人类学纪录片也是同样的道理。史杰鹏的作品正是贯穿着这样的人类学观念,并用这样的观念来记录和解读中国的。

三

美国著名电影导演弗拉哈迪(Robert J. Flaherty)的《北方的纳努克》(*Nanook of the North*)曾拥有数量惊人的观众,被称为纪录片的开山之作。但在史杰鹏看来,弗拉哈迪的这部作品也有明显造作的痕迹。比如,因为室内光线不够好,弗拉哈迪就让他们将冰屋的屋顶截去,让纳努克一家在冰天雪地里表演起床的场景;他们本早已习惯使用猎枪,却为了弗拉哈迪的所谓表现他们生活的原生态的要求，重新拾起父辈甚至是祖辈的捕猎手段。史杰鹏在拍摄电影的过程中，不会刻意要别人怎么样做，告诉他们应该怎么表现，而是拍摄他们最本真的生活场景。

史杰鹏曾经提到过一部纪录片《北京的风很大》，是通过问一个很简单的问题“你觉得北京的风大吗?”来折射一些更深层的东西。导演在街上随机地问路人这个问题，可是大家往往不会简单地回答“是”或者“不是”，他们会由北京的风聊到别的东西——政治、经济、文化各个方面，还有跟个人生活有关的东西。尽管史杰鹏觉得这样的作品会很有意思，但他从不刻意模仿。

显然，史杰鹏的作品属于影视人类学作品，但在我国国内被笼统地分类为“影像民族志”或“影像文化志”。其实，我认为两者还是有区别的。影视人类学作品会自觉地或不自觉地采用艺术手法。而影视人类学作品是包含了多样性的作品，它其中有各种意义，不同的观众可以看出不同的内涵。人类学纪录片的缺点是朦胧，优点也是朦胧。但民族志的作家(包括影像民族志导演)就不一样，他们有这样的潜台词：“我写的是真的，你必须相信我。”正因为此，史杰鹏的作品几乎不使用采访，这是他作品的最大特点，刚刚获奖的《海啊，嗨!》再次秉承了这样一个原则。

史杰鹏的作品不跟风，他总有独到的发现，他不去刻意评价他所拍摄的对象，而他屡屡获奖的真正原因正在于：评委认为他不是刻意抹黑中国，只展示中国落后的一面，而是展示中国人辛苦并快乐着的生活，更多地关注他们生活中有情趣和乐观向上的一面，他们生活中多面的情形。比如，《拆·迁》里玩极限运动的男孩子们，他们还会说很流利的英语。当然，这不是说他展现的都是光明的东西，他也会在影片中比较含蓄地揭露一些东西、呼吁一些改变。他是美国人，但他是有强烈的平等意识的美国人，绝不是具有殖民话语的美国人。

一部作品　一段人生

这或许称不上是我本人的阅读故事，但可能只有我才有机会向世人披露。

在《阅读哈佛》一书中，有一篇《回忆我在英国的朋友》，提到一位名字叫 John Nicholson 的英国老人。本书出版前责任编辑曾因 John Nicholson 与哈佛大学似乎毫无关联而建议把这篇撤掉，但我执意把它保留了下来。目前，我正应邀撰写另一部文化随笔《永远的伯明翰》，John Nicholson 已成为书中浓墨重彩的“主角”。

我在书中写道，John Nicholson“向我讲述了他的身世、他的生活、他最喜欢的一本书以及他从 2001 年开始与一位缅甸 23 岁姑娘的爱情故事”。在英国读书的那段时光距离今日已有十多年，John Nicholson 也已离开人世十多年了，但是，我对这位普通英国老人的记忆却仍旧深刻、清晰，而且历久弥新。

John Nicholson 最喜欢的那本书是迈克尔·达菲尔德(Michael Dutfield)所著《一桩麻烦的婚姻》(*A Marriage of Inconvenience*)，这是一部传记体文学作品，记述的是对英国及博茨瓦纳的文明、文化具有深刻历史影响的一桩不同种族、不同肤色和不同国籍的跨国婚姻。

1948 年，女主人公、美丽的英国姑娘露丝·威廉(Ruth Williams)和男主人公塞雷茨·卡马(Seretse Khama)的爱情和婚姻故事成为轰动世界的头条新闻：露丝是伦敦地区一家保险公司的职员，塞雷茨是在伦敦求学的非洲黑人酋长的儿子，二人在舞会上偶遇并双双坠入爱河，随后他们向英国教会申请结婚。在 60 年前的英国和博茨瓦纳，要完成这样一桩跨国婚姻需要克服许许多多的困难，他们受到来自双方家族甚至整个国家和部落的反对与阻挠，但经过艰苦的努力他们最终还是在一家教堂成婚了；成婚后他们虽曾遭多年放逐，但塞雷茨最终还是成为博茨瓦纳摆脱英国殖民统治后第一任国家总统(1966～1980 年在任)，2008 年 4 月就职的博茨瓦纳现任总统塞雷茨·卡马·伊安·卡马(Seretse Khama Ian Khama)正是他与露丝的次子。

这个故事在英国教会的历史资料和其他文献中均有记载，但迈克尔·达菲尔德在书中揭开了许多鲜为人知的秘密，包括露丝与塞雷茨婚后发生的许多重大历史事件中错综复杂的政治、文化、种族冲突和社会偏见的内幕。

John Nicholson 在伦敦萨瑞(Surrey)地区居住了大半辈子，他的家离露丝和塞雷茨曾经长期居住的一个小庄园很近。萨瑞地区曾经居住过许多名人，《音乐之声》的主演茱莉·安德鲁丝(Julie Andrews)也曾长期生活在此。John Nicholson 与露丝和塞雷茨年龄相仿，那桩麻烦的婚姻故事就发生在他的身边，然而真正使他对此故事和对《一桩麻烦的婚姻》这本书产生浓厚兴趣的是 2001 年他与在英国求学的缅甸姑娘彩瑞蒂(Charity)相恋之后。

John Nicholson 和彩瑞蒂邂逅于伯明翰的咖啡馆，当时彩瑞蒂正在伯明翰大学读硕士，John Nicholson 到那里参加贵格派的月会。这一年，80 岁的 John Nicholson 和彩瑞蒂度过了非常美好的时光。John Nicholson 以英国男人特有的绅士风度百般呵护着远在异国他乡的彩瑞蒂，小鸟依人的甜蜜时常洋溢在彩瑞蒂的脸上。一年后，在彩瑞蒂即将结束其学业要回国的时候，John Nicholson 决定向彩瑞蒂求婚……

来自双方亲人的阻力是可想而知的，绝不亚于当年的露丝和塞雷茨。John Nicholson 的亲人诋毁彩瑞蒂是企图通过嫁给 John Nicholson 而轻松移民英国并可继承一笔不菲的遗产；彩瑞蒂的家人则认为这样的婚姻丢了族群的人……

彩瑞蒂不得不如期回国。两人只有通过越洋电话互诉衷肠，后来彩瑞蒂的电话受到家人限制，只好改由书信联络。为了能更好地与彩瑞蒂保持便捷的联络，John Nicholson 置办了全套电脑设施并开始学习使用 Email。John Nicholson 永远怀揣着他亲手为彩瑞蒂拍摄的一张特写照片；与我谈话时，三句五句话之后必然会把话题转向他心爱的彩瑞蒂；他对彩瑞蒂深深的爱意常常不加任何掩饰地溢于言表，让人很难不为之动容、为之动情！

尽管困难，但 John Nicholson 似乎对他和彩瑞蒂的婚姻充满信心。他从社区图书馆借来了出版于 1990 年的《一桩麻烦的婚姻》，这本书从此就成为他与彩瑞蒂的照片同样形影不离的精神伴侣，借期一到他马上就去续借。我想，这本书一定给了无助的 John Nicholson 老人巨大的精神动力，他相信，尽管他不是部落酋长的子嗣，但在现代社会他和彩瑞蒂一定能够像露丝和塞雷茨一样"有情人终成眷属"。他开始不停地为此奔波，去说服周围的亲人朋友，希望得到大家的理解并能接纳彩瑞蒂；他开始设计去缅甸面见彩瑞蒂的家人，希望也能说服彩瑞蒂的家人。2003 年 8 月，他成行了，然而在缅甸一个月的时间里，他除了得到彩瑞蒂的哥哥捎来的拒绝他来见彩瑞蒂的口信外，连彩瑞蒂的影子也没有看到，与彩瑞蒂的联系甚至还不如在远隔重洋的英国来得更方便。不过，John Nicholson 并没有因此而心灰意冷和气馁，回到英国就又着手计划第二次缅甸之行了……

一部作品，鼓舞着 John Nicholson 的一段人生。后面的故事，我在《阅读哈佛》中已有一点记述。John Nicholson 于 2006 年 8 月离开了人世，他的生命终止了，他与彩瑞蒂之间的婚姻最终也未能如愿以偿，这一定是他一生中最后的遗憾，但他孜孜追求美好爱情的勇气和毅力却可以成为人们不断阅读的岁月印记。我猜想，在 John Nicholson 躺在病床上的最困难时刻，那本《一桩麻烦的婚姻》和彩瑞蒂的那张照片一定像往常一样陪伴在他的身边，这一点后来在他的妹妹和我的通话中得到了证实。我还通过 John Nicholson 的妹妹向社区图书馆提出建议，让 John Nicholson 成为那本书的永久续借读者，以慰藉他的灵魂。建议得到社区图书馆馆长的批准，并载入图书馆志，供后人阅读。

作为文化“走出去”载体的图书

一、图书作为中国文化“走出去”的载体之一，同其他载体相比，能发挥独特作用

中国文化“走出去”大战略确立以后，汉语和中国文化走向世界的步伐越来越快，作为汉语和中国文化重要载体的图书，和其他传统的和现代的传媒一道，在这一进程中发挥了重要的作用。随后，中国政府进一步提出在国际间加强人文交流的构想，出版业、新闻传播业和中国学术界等人文社科领域都要在世界上发出声音，都要在国际文化教育舞台上扮演重要角色，都要进一步走向世界。

不过，文化的内涵是十分宽泛的，它涉及文学、哲学、艺术、生活习惯、宗教信仰、文化传统和价值观，等等。不同的文化载体之间在传播过程中各有所长，要分别对待。从文化传播载体这个角度来讲，图书具有别的载体如报纸、广播电视及互联网所不具备的独特功能和作用，这也是图书作为人类文化和文明的重要的传统载体数千年来经久不衰的主要原因。

首先，书籍实际上是精神的固化和思想的物化状态，人们对于图书的看法，是不同于报章杂志和广电网络传媒等其他形式的，它在某种程度上，特别是相对于如今良莠不齐的

网络传媒来说，似乎更具可信性、权威性甚至神圣性。比如，我们的古训中说的“三十而立”就应该包括“立言”或曰著书立说。再比如“书上说的”常常被视作权威的解读。许多知名媒体人士如白岩松、倪萍、崔永元、朱军等都纷纷写书，也是对图书独具特点和作用的一个极好说明。

其次，中国文化“走出去”的着眼点还应在于价值观的有效传播或输出，这一点最近许多文章都在谈。比如，最近由国务院新闻办公室主办、中国外文出版事业局对外传播研究中心承办的全国第一届对外传播理论研讨会在京举行，会上提交的很多论文都谈到这一点。就此而言，图书出版这个领域，较之影视传播存在着系统的和经典的可能性，而且具有潜移默化的特点，因而更易于被受众接受，不像新闻媒体具有强烈而明显的意识形态立场。也就是说，其他的传播载体可能引起的是人们的感官兴趣，是形式的或外在的，但是图书可以系统完整地直接涉及思想。因为图书能够系统地阐发一个思想体系、一个文化系统，而且文化上的总结性的整理工作，也基本只能由图书来完成。比如修史、百科全书、大典等，这是文明的基本典籍。剑桥修史，并非单修本国，是给全世界修，但是剑桥给全世界修的史恰恰传递的是最英国的东西，恰恰是在传达其民族的价值观念、思想体系。一个国家，系统地整理自己的文化，并进行系统的研究、出版、传播，都是在表达自身。只有图书能够构成基本典籍，图书的文献性是无可取代的。因此，我们也开始了《清史稿》工程和《儒藏》工程，这都绝对是功德无量、功在千秋的事业。除此之外，我认为图书具有可流传性，可以作为一种文化载体长久保存而且保存的时间比别的载体更持久。与此同时,随着图书出版公司的跨国合作,图书的翻译和发行可能也更方便文化之间的交融和文化传播的无缝连接。

说到底,文化传播的关键还是一个载体问题。我们知道,中国人对西方的了解,远远大于多于西方对中国的了解。中国与西方的文化贸易存在很大逆差,在文化传播领域存在着严重倒挂的现象。这是由很多原因造成的,但我们自己的文化缺乏有效的诠释和有效的传播载体是其中一个重要因素。举一个例子:五年前我在英国学习的时候,英国牛津大学的马丁·康威教授跟我说,他正在读一本英国历史学家新出的书,其中谈到郑和下西洋的故事,他受到强烈震撼,感叹明代中国的强大。我当时很吃惊,一个牛津的人文学教授,竟然在76岁高龄才了解到中国家喻户晓的大事件。另有一个现象,英国稍稍年长些的老人都知道,至少在进入21世纪之前,英国小学的历史教科书中,是没有有关中国的内容的。这说明中国文化"走出去"的必要性和任务的艰巨性!

客观地讲,英美文化的传播是成功的。英国在殖民时期最主要的文化载体是坚船利炮,还有大批随行的传教士,西方文化基本上就是教会文化,他们到哪里,教堂和十字架也就跟到哪里,这是殖民时期的文化载体,是一种物质的载体。后来随着世界各国人民的觉醒,很多殖民主义者被驱逐出去,他们的殖民方式(或者说文化传播/灌输方式),演变成了语言、文化和思想上的殖民。这个时期没有了坚船利炮这样的物质载体,但是现在全世界以英语为第二语言并能流利使用的人有5亿,全世界的英语学习者已超过12亿,全球3/4

的邮件用英语书写,80%的电子信息用英文记录……可以说,英美文化的世界传播和殖民的理念,在后殖民时代依然很成功。与后殖民配合的是所谓的资本经营,在全球进行的所谓的资本经营,某种意义上也是一种后殖民。这次金融危机导致全球、全世界为美国买单,其实也从某个侧面反映了美国后殖民的效果。此时这个载体就变成了资本。英美文化世界传播的第三个载体就是其影视文化。一些流传很广的大片,通过丑化对手、美化自己把其价值观灌输给其他民族、其他国家。与此同时,体育运动譬如奥林匹克运动会、饮食文化等都可以作为文化传播的载体。这说明,每一个时代,他们都找到了其文化传播的有效载体。

就图书而言,是一个非常好的传播载体,图书与作为"话语权"的知识的联系是悠久而强有力的,文化传播某种意义上讲就是"话语权"的实现,一个东西变成书,公开出版,实际上也是话语权力的确认与体现,从大的方面讲是一个国家文化软实力的重要体现。所以作为中国文化"走出去"的载体之一和有效传播途径之一,图书所起到的作用独特且不可替代。当然,我们应该提倡多策并举,通过多种途径,把"走出去"的路子走得更宽些。

二、中国文化"走出去",要解决的重要问题在于"用什么承载","承载什么"和"怎么样承载"

"用什么承载"的问题,其实就是寻找有效载体的问题。前面已经说了,图书实际上是一个非常有效的文化载体。中国图书作为中国文化"走出去"的重要载体,和其他载体一道，担当重任。但是，最重要的可能在于“承载什么”，也就是把什么东西拿给世界、供世界分享的问题。20世纪末，75位诺贝尔奖得主曾在巴黎呼吁：“人类要生存下去，就必须回到25个世纪之前，去汲取孔子的智慧。”孔子的智慧是什么，包括哪些内容？因此，要解决中国文化“走出去”的问题，恐怕首先还是要解决中国文化“站起来”的问题，即什么是“中国文化”的问题。京剧、武术、中国菜是否就是国粹？四书五经、儒家思想、道家思想抑或别的什么是否就是中国文化的精华？“天人合一”“和而不同”以及“和谐万方”能否作为中国文化的核心价值被世界所认识并最终接受？这个问题解决了，随后才是怎样承载、怎样让世界认同的问题。

再一个问题就是，这些价值中国人自己珍惜和欣赏吗？如果我们自己都不珍惜和欣赏，让世界接受和欣赏谈何容易？因此，具体说来承载什么的问题，其实就是一种选择，即对中国传统文化进行选择，进行现代阐释。因为传统文化既有优秀的部分，也有不优秀的部分，我们要去糟粕，承精华，我们要阐述中国或者中华的优秀文化。在这个选择的基础上，不能用那种太急功近利，或者太实用主义的眼光，要尊重历史，忠实经典，要理解古人，尽量恢复、还原原义。也就是在尊重历史、尊重经典的基础上，进行阐释。我们对西方的东西不能照搬，其实对传统的东西也不能照搬。传统文化里的核心价值，一些优秀的理念，一些被实践所证明的行之有效的方法，不能直接搬来就用，而是要进行贴近时代要求的创新和改造。

我们了解到目前中国图书在这几方面已经有了长足的

进步，自 2002 年国家大力实施“中国图书‘走出去’工程”以来，我国图书“走出去”已初步形成了政府推动、企业主导、市场化运作的格局，尤其是“中国图书对外推广计划”的实施，使中国图书在实物出口、版权贸易、合作出版、境外直接出版等方面“全面开花”，中国图书“走出去”步伐明显加快。目前，中国图书“走出去”战略正在不断深化，内容更加丰富，形式更加多样，在让世界了解中国、让世界阅读中国方面发挥了积极作用。

如何承载、怎么样承载的问题当然也很关键。中国文化“走出去”，让全世界听懂中国故事，其实这很难，我们感觉到，其实我们所说的中国故事，他们会听懂你外面的旋律，一些华彩的东西，一些形式的东西，但是最深层艺术上的东西很难有共鸣。因此，要让对方读懂我们，我们首先要读懂对方。任何一种文化、一种理念和价值，它想在本身生存的环境之外去生存，就要遵循适者生存的规律。首先要适应这个环境，“跨文化”发展首先要有一个适应性。我们要各美其美，还要美人之美，我们要把自己的文化传播到英语世界去，首先就要对他们的文化有一个理解和尊重，你知道他们的生存优点是什么，然后通过跟他们平等对话，争取到他们的理解，这就是适应他们了，然后他们就接受你了。我觉得这跟交朋友一样，首先见面，然后熟悉，然后交心，交心就理解你，就欢迎你，敞开他自己的胸怀，你才能走进去。另外，在传播方式上，还要在读懂对方的基础上破除陈规，敢于创新。

“走出去”战略是一项宏伟工程，在加快汉语走向世界的同时，要让中国图书、音像等各类传媒都在世界上发出声音。

我所在的北京语言大学始终承担着向世界各国留学生和海外孔子学院的学习者传播中国语言文化的历史使命，学校还专门建立了旨在推动中国优秀文化的国际交流和世界传播的国际文化研究基地，为“让世界了解中国，让中国走向世界”做出了积极贡献。基地在规划研究项目时，提出过一个中国文化传播的有效载体的设想，目前正准备付诸实施。这实际上也是一个图书出版计划。我们知道，20 世纪以来备受世人尊敬的人文大师，无不学贯中西而又身兼学者与作家两重身份。这其实提示我们，在如今社会及学科分工过细而难以再现当年境界的情况下，中国图书走向世界，让世界从知晓到接受中国文化，完全可以尝试现代团队合作的模式，以学者、作家、翻译家三位一体的模式，来开发中国文化走向世界的实践载体。以学者深厚之学养、作家生花之妙笔和翻译家精到之译文，逐步推动和最终实现中国图书带动中国文化走出国门、走向世界的美好愿景。

三、中国图书“走出去”过程中容易出现的误区

在这个问题上现在有两个倾向是值得注意和避免的：一个是刻意地去迎合西方人对中国的想象；另外一个是对史实的刻意掩盖。中国的图书要为树立中国国家和人民的良好世界形象做出贡献。中国的图书博览会不能老搞成庙会，中国图书承载的信息也不应是粗制滥造的，要有科学依据。

把图书带到国外博览会上去甚至去赠阅不是真正的“走出去”，真正的“走出去”是国际市场上真正有大量需求。“走出去”的考量，最终可能还是体现在市场上，有了阅读需求，

才能扩大阅读人数，才有真正意义上的交流。买方市场可能会有很多不同需求，所以这里还涉及如何细分读者的问题，对目标读者群的不准确划分可能也会导致出版误区。目前的图书对外出版，可能还没走到细分读者这一步。不过，国外这一方面做得很好，我们所面对的是一个相当成熟的已经细分好了的国外市场，需要好好去研究。所以，如果在这方面做点东西还是很有开创性的，专门研究图书买方市场对中国文化产品的需求，在这方面下点工夫，应该会大有作为。

不同国家不同民族接受中国文化的困难程度是不一样的，我们应该了解和理解他国文化，就像我们希望他们也了解和理解我们一样。应该美人之美，认可传播对象国的文化背景，不能冒犯他民族的文化习俗。如果对他国文化的背景产生误解，或是停留于皮毛，那么对本民族文化的世界传播也是有害的。

汉学家顾彬就曾经举过一个例子：有的老师在教汉语的时候，选择电影电视作为教学的一种手段。那么在选择电影题材的时候，就必须考虑到学生的民族文化。《闪闪的红星》《小兵张嘎》等影片，如果是在国内进行爱国主义教育，那是非常恰当的，因为中国人了解那段历史，但是这样的影片如果带到国外孔子学院去放映就未必合适。所以我们说，除了对本民族的文化有了解、阐释和传承，对对象国也应该有深入的了解，才能产生对话和交流。美人之美才能各美其美。这是我们应该下大力气去做的。

文化传播的障碍，存在理解上的困难，恰恰是文化的差异造成的。如果文化背景不一样，在欣赏对方时就要“他人有心，余揣度之”，否则就不能进入作品。对于讲家庭伦理高于社会伦理的文化，可能就难以理解和认同《埃及王子》为了救赎民众而舍弃亲情的做法。为了消弭这种文化差异，两届世界汉学大会都到场的世界著名学者汉斯·昆曾提出一个“全球伦理”的概念，我认为很有意义，也很值得研究。他的一个基本主张就是人类存在一种共同的价值观念和伦理取向，无论哪一个民族、哪一个国家，也无论你尊崇哪一种信仰。为此，他提出要开展对话，目的就是为了消除理解上的困难和障碍。

四、就图书而言，一种容易产生共鸣的表达方式或者表达角度也很重要

从系统学上说，一个系统的正常维系和发展，需要与系统外进行流通和交换；从逻辑学上说，综合才能产生新知，也就是有新材料被引入才能产生新知。而系统外的信息恰恰是新材料的一大重要来源，来自别的系统的东西为本系统的发展提供了改造与综合的可能。

不同时代的人虽有代沟存在，但沟通可能性也同时存在，毕竟大家共同享有同一个时代背景，和这个时代所特有的文化符号，这些流行的符号是可以运用来交流以及沟通的依据。但是这个问题同样是很复杂的，因为不同时代出生的人，也许会有相同的阶层、性别以及文化背景，但同龄人之间的相互交流沟通仍然显得更容易。所以在传媒研究中，对于受众的研究，现在已经逐渐兴起由田野调查为首的定性研究取代定质研究，因为人与人之间的沟通和交流，远非数据可

以统计。

就图书出版来说,以往曾经有过全体国民对某部著作产生“共鸣”的情况发生,而现在,追求这种共鸣基本上很难实现,特别是在“80 后”和“90 后”当中。现在可以追求销量,抓住人的眼球,让人去买这本书,但不能说人家买了就是有了共鸣。很多人去买郭敬明的书,不一定就是因为赞同喜欢这个人,而是因为在他身上产生的争议和冲突引发了读者的兴趣。当然,成功的市场操作,也可以固定部分读者,并且同化他们,但这都是有限的。追求共鸣,未必是好的。不产生共鸣的前提下同样也是可以交流的。法国思想家福柯在一次接受采访时曾说,最好的朋友是能坐在一起却什么都不说的朋友。

所以,沟通是有效的,人和人之间需要沟通,也需要共鸣,但绝对的共鸣则是不必要的甚至是有害的。用麦克卢汉的话说,图书作为一种载体,只能传递一种信息,而从宣传角度来说,也许看到这条信息的次数越多,产生共鸣的可能性也就越大。图书使用容易产生共鸣的表达方式或者表达角度实现沟通,但不必追求绝对共鸣。

关键是心灵的和谐

2013 年，“雾霾”现象创很多新的历史纪录，居生活领域十大流行语之首，全国主要城市居然都有被雾霾严重笼罩的日子，首都北京更是相当于每隔一天就遭遇一次雾霾天气。

人们恐怕从未想到过，竟然会有一天，人类赖以生存的空气会成为生命的杀手……

2013 年 12 月 1～8 日，全国大部分地区持续被雾霾笼罩，中央气象台发布橙色预警。上海等诸多城市的空气质量长时间处于 6 级以上严重污染。12 月 6～9 日，我陪同美国中佛罗里达大学英文系主任、著名生态批评学者帕特里克·墨菲（Patrick Murphy）教授到位于石家庄的河北科技大学讲学，正赶上石家庄雾霾天气最为严重的几天。讲座之余，我问他：作为从事人文学术的生态批评学者，对消除中国的雾霾现象、解决自然生态问题有何感想和看法，他做出了这样的回答：

一、作为人文学者，虽不能亲手通过科学技术手段改变空气质量，但可以呼吁社会保护环境、倡导环保和生态化生活，至少自己可以身体力行，从小事做起。比如：不看电视时关闭电视电源，而不是只置于待机状态；手机充电完成直接拔出充电器插头而非只取下手机或电池;实验证明洗衣机、洗碗机比人工洗衣、洗碗更能节约用水,等等。

二、坦率地讲,解决雾霾问题是改善民生、让民众对政府充满信心的良好机遇。雾霾并非不可治理,美国洛杉矶曾在工业化时期出现过同样的现象,但后来通过关停一些能源工厂,改燃煤为燃气,后来就恢复了晴朗的天空。对中国来说,政府是关闭一些污染严重企业的最权威机构,也是可以通过行政手段和投入改换能源结构的最权威机构,所以,解决雾霾问题,政府大有可为。

对解决自然生态问题,墨菲教授提出了两条务实性意见。我认为,人文学者、知识分子除了可以做到他所说的这些之外,还应担当起构筑人文生态的重任。所谓"人文生态",要义是保证心灵的和谐,保证心灵的生态,而不是变态。去年 10 月,我曾到以色列访学,感触比较深的也有两点:

其一,以色列沙漠之上建国,周边国家与它的军事、政治、文化冲突和对立持久性地剑拔弩张,其自然生态和外部环境的恶劣程度可想而知。然而,当我走进以色列,在以色列各地感受到的却是另外一种生态状况:自然环境生态化程度非常高,常常晴空万里,绝无雾霾现象;人文环境祥和、平静,生态化程度也很高,比如,耶路撒冷古城不大,分为犹太区、阿拉伯区、基督教区和伊朗人区,每个区各有自己的宗教和习俗,然而他们能崇尚多元、互相尊重,建立了和谐的社会与人文生态环境。

其二,以色列国内的社会与人文生态的和谐,来自于另外一种生态的和谐,我们权且称之为"内在生态""内心生态"

或“心灵生态”。他们的宗教信仰,使他们的内心平静安详,使他们的行为具有宗教约束和道德底线。据以色列媒体报道,2013 年 12 月以色列降下近几十年最大的雪,耶路撒冷等地积雪厚度达 30 厘米,交通基本瘫痪,数万家庭一度断电。那时我已回到中国,但那里的朋友告诉我,以色列的社会治安状况非常好,并未发生哄抬物价、哄抢食品的现象。

实际上,科学与人文是一条河的两岸,治理自然环境污染,实现外在生态、自然生态的文明化、宜居化,既要依靠科学技术手段,又要有人文生态和内在生态的和谐化、道德化,而后者尤其重要。

人文生态和心灵生态的构建,既是治理环境污染的根本,也是解决许多社会问题的根本。自然环境的治理,最根本的还是要改变人的价值观念,倡导一种生态化的生活方式,而不是唯利是图、急功近利。也就是说,要构建和谐宜居的自然生态环境,首先要建立和谐干净的心灵生态、内在生态。自然生态危机的来源不在别处,正在于人的心灵生态、内在生态的危机,人的心灵、内在领域处于一种变态的状况,就会相应带来外在状况的变态。自然环境的污染,来自于心灵的污染,来自于道德缺失、精神滑坡,而自然环境的根本治理也就必然需要依靠重塑心灵的生态和谐。因此,单单依靠科技和管理手段当然可以带来一时的晴朗天空,但这样的手段和途径是治标不治本的策略。治本,靠的还是改变世界观、价值观、人生观,靠的是内心环境的改善,靠的是内心世界的宗教感、道德感和责任感。人的内心环境如果是和谐的、清净的,就会更多地为他人着想、为社会着想、为可持续发展着想，他的心灵就是生态的，而不是变态的。

在这样的意义上，自然生态的危机固然可怕，心灵生态的危机则更为令人担忧。雾霾，其实就是人们赖以生存的空气变成了有毒物质，这和毒胶囊、毒奶粉、毒大米、毒生姜、毒酒以及本来是用来治人病的药物却变成了致人命的毒药，并无多少区别；这和幼儿园残害儿童、摔婴、贩婴等各种令人发指的丑恶现象屡屡发生的原因也大同小异。究其根本，都是因为人的心灵不再生态，人的良心出现了病变，人的内心发生了变态。

总之，自然生态的建设和改善关键在于心灵生态的建设和改善，生态文明建设需要人文的、内心的文明生态。

英美艺术教育之路

英国伯明翰大学是一所新兴的现代大学，仅有100多年历史，却沿袭着英国教育传统中贵族化、精英化和古典化的艺术教育模式，尽管在发展历史上伯明翰大学曾经孕育了倡导贫民化、关注亚文化群体和主张大众文化的伯明翰文化学派，并在文化理论领域具有全球性影响，但其艺术教育很难摆脱英国传统教育的模式；相反，美国哈佛大学虽已有300多年的历史，起初显然是英国传统大学的翻版，但美国新英格兰人所具有并长期保持的开拓和创新精神使其很快就摆脱了英国传统大学的影子，创造出崭新的哈佛品格，哈佛精神和哈佛模式，在艺术教育方面也不例外。这两种艺术教育模式，对我国文艺理论、文艺批评和艺术教育均有可资借鉴之处。

一

在中国当代学术语境中谈论西方文艺理论和教育理念等问题时，对所使用的概念、术语进行一些基本的厘定是非常必要的。我们知道，理解Liberal Arts（文科）、Liberal Education（自由教育、文科教育、博雅教育）等词的关键在Liberal

(自由,解放),它产生的背景与中世纪教会长期对人文的压抑有关,当时人们需要的是从思想的桎梏中解放出来,渴望自由的空间。Liberal 是一个与 Humanism 有相似文化背景的概念。Humanism 一词有两个含义。就它的原始的也是较狭窄的含义来说,它代表希腊罗马古典学术的研究,所以有人把它译为"人文主义"。从 11 世纪开始,在僧侣学校以外,世俗学校也开始建立了。僧侣学校原来只讲神学,世俗学校在"神学科"以外添设了"人文学科",讲授希腊罗马传下来的各种世俗性典籍,包括文艺和自然科学,当时称作"Liberal Arts"或"Liberal Education"。所以"人文学科"与"神学科"原本是对立的。历史学家们把文艺复兴时代的学者一概称为"人文主义者",就是指他们是古典学术的研究者和倡导者。其次,与这个意义密切相关的是与基督教的神权说相对立的古典文化中所表现的人为一切中心的精神。就这个意义来说,有人把 Humanism 译成"人本主义"和"人道主义",尽管实际上 Humanism 这个词的出现是在 19 世纪的德国,但反过来被用于对意大利文艺复兴的新文化和教育运动进行描述[①]由此看来,自由教育思想的源头可以追溯到古希腊的贤哲。

我们所讲的"通识教育"(也称"通才教育")一词是在 20 世纪 40 年代从英文 General Education(直译为"普通教育")翻译过来的。General Education 一词在 19 世纪之前,对它的解释就已经很多,一般是中小学教育的总称,第一个把它

① 参见朱光潜:《西方美学史》(上),人民文学出版社 1963 年版,第 149 页。

与大学教育联系在一起的人是美国博德学院(Bowdoin College)的帕卡德(A. S. Packard)教授,并使其内涵得以进一步扩充和发展。1945 年,美国哈佛大学委员会发表了《自由社会中的通识教育》(*General Education in a Free Society*),即有名的“红书”(The Redbook),将通识教育定义为“学生在整个教育过程中,首先作为人类的一个成员和一个公民所应接受的那部分教育”。[①] 它的理念是广义的,它的载体(主要是课程)是狭义的,它的目的是培养健全的个人和自由社会中的健全人格的公民,它的实质是“全面发展的人”或“全人”的培养。我们知道,席勒《审美教育书简》的英文是 *On the Aesthetic Education of Man*。《审美教育书简》的译法只是突出了席勒这本书的“书简”体例,忽略了后面 Man 的翻译,其主要内容即是“通过审美的、感性的教育来塑造人的品质、品行和品格”。在英语世界,关于 Aesthetic Education 的书很多,其中 Norman Dello Joio 的 *Make Aesthetic a Part of Life*(《让审美成为生命的部分》)就明确阐明了类似的思想和内容。这表明,审美教育应该是实现通识教育的途径之一,因为通识教育的目标未必完全是通过审美的或感性的方式来实现的。

艺术教育(Art Education)是审美教育的一个重要方面,但审美教育的内容也不完全是通过艺术的方式实现的,它也可以通过其他非艺术的审美方式来实现,如“日常生活当中

---

① Levine, Arthur, *Handbook on Undergraduate Curriculum*, Jossey-Bass: San Francisco, 1978, p. 359.

的审美”等。由此看来，艺术教育并不完全等同于审美教育，更不完全等同于 General Education，也不完全等同于 Liberal Education，也不是我们通常讲的素质教育的全部，而应该是 Liberal Education，General Education 和素质教育中侧重于审美教育且在审美教育中与艺术有关的那一部分教育内容。因此，艺术教育是一个较为具体的教育概念。我们也许可以用这样一种方式来表示这里提到的几个概念的关系：Liberal Arts/ Liberal Education>General Education>Aesthetic Education>Art Education。本文即在此意义上使用自由教育、通识教育和艺术教育，并通过对英国伯明翰大学和美国哈佛大学艺术教育的比较进一步辨识它们之间相互关联而又各具特殊内涵的关系。应该注意的是，这里的“艺术”概念尽管是具体的，但也不能作狭义的理解，不是只包括音乐、美术、舞蹈的那种“纯粹的”艺术教育，而应该是人文的艺术概念，简单地说，是包括琴棋书画等在内的、在审美艺术理论上相通的各类文学艺术教育。

二

英国是大学的主要发源地之一。英格兰的牛津大学和剑桥大学在 14 世纪就已经创建。自那时起迄今近 600 多年以来，西方大学模式在全世界范围内占据着统治地位，其中就包括学院式英才教育的英国模式。近代以来，英国高等教育尽管一直进行着历经数百年历史的大众化和普及化努力，但仍表现出“原发滞后型”模式的特点。英国教育思想家洛克的绅士教育思想至今仍然影响着英国人的教育观念和实践。他认为,教育的目的是培养符合资本主义需要的理想新人——绅士,绅士既要有健壮的身体,又要有"德行、智慧、礼仪和学问"[①]这种思想反映了文艺复兴以来的人文主义精神,并对后来英国教育思想的发展产生了极其重要的影响。他说,知识教育不是给予学生"种种知识与知识的宝藏,而是种种思想与思维的自由,是增进心的活动能力,而不是扩大心的所有物"由于洛克的影响,现代英国自由教育思想的一个核心内容,就是注重智力的发展,强调不以获取具体知识为教育的最终目的。他的教育思想反映了那个时代的普遍要求,即强调知识的广博和实用。他主张学习日常生活中最有用的知识,并提出了非常广泛的教学科目,几乎包括一切领域,当然也包括人文、艺术。

英国伯明翰大学是一所仅有100多年历史的现代型大学,但是相对美国哈佛大学这种具有创新精神和逐步走向自由开放风格的学校而言,"原发滞后型"特点却也明显表现在这所学校的艺术教育当中。这样的现代新型高校本来起点较高,应该趋于开放,张扬现代精神,无须经历艰难的对传统模式的改革就可以直接实现自由教育、通识教育的理念。但事实却恰恰相反,尽管伯明翰大学也随着英国教育改革的大趋势历经多次革新,但在艺术教育模式上仍缺乏锐意进取精神,甚至有时显露出保守陈旧的格调。它的艺术教育模式发展和改革的历程,大致可以分为三个阶段:(1)从精英阶段到

① [英]洛克:《教育漫话》,人民教育出版社1963年版,第76页。

大众化阶段的长期徘徊时期；(2)大众化阶段的小步前进时期；(3)大众化后期及进入普及阶段的跨越发展时期。这三个阶段与总体上的英国高等院校艺术教育大体一致。

第一阶段主要在建校初期至20世纪中期。由于英国教育模式是精英教育的典型，致使其高等教育更是长期处于缓慢发展阶段。伯明翰大学建立初期，艺术教育所遵循的模式仍然是精英式的专门教育，以培养专才为主，通识教育课程中几乎没有非专业艺术教育的成分。这种长时期的精英教育，既是英国伯明翰大学艺术教育的优势所在，可以培养非常专业的“专才型”艺术家，但也表现出许多不足，特别是随着教育普及化、大众化的呼声越来越高，这种精英型的艺术教育模式既不能适应经济发展的要求，与社会前进的脚步也再不适应。

第二阶段主要表现在20世纪60年代到90年代，发展高等教育大众化的原则成为历史要求和潮流，教育要民主化及平等化。正是在这一时期，产生了代表大众文化声音的“伯明翰学派”。也正是在这一时期，出现了与皇室音乐、宫廷舞蹈截然不同的街头歌唱艺术和摇滚音乐，如利物浦的披头士(The Beatles，又译“甲壳虫”)乐队，其中的约翰·列农(John Lenon)被称为“摇滚乐之父”。在伦敦，韦伯的音乐剧形式之所以能够广受欢迎并长盛不衰，也与这样一种社会背景及艺术需求有很大关系。英国著名文化研究学者、伯明翰学派的领军人物之一安吉拉·麦克罗比(Angela Macrogy)曾经用这样的语言形容当时伯明翰大学艺术教育的状况：“一批又一批年轻的流行音乐作者、歌手、画家、服装设计师等走出伯明翰大学的校门，这与以往花费数年甚至数十年精力精心雕琢一到两位被称为天才艺术家的艺术大师相比，是艺术教育模式的足以令人惊诧的变化……”[①]但是，这种变化，相对于大众对艺术教育普及化、大众化的要求，也还仅仅是一小步。

第三阶段主要是20世纪90年代至今。在这一阶段，英国伯明翰大学以1991年英国政府发布的《高等教育的框架——英国高等教育白皮书(1991年5月)》为动因，促进学校艺术教育改革和实现快速增长，进一步推动了艺术教育的大众化，并为其迅速普及奠定了规划和政策基础。

然而，英国伯明翰大学艺术教育大众化和普及化的进程，实际上是精英、专业艺术教育的“扩大化”，本质上仍是培养“专才”，只不过是扩大“专才”的数量而已，而非像美国哈佛大学那样把艺术教育纳入通识教育的一部分而予以强调。到了后来，大学艺术教育的任务与整个教育趋势一道开始着重于经济导向，艺术教育人才也必须达到效率实用，迎合后工业社会的需求。按照英国高等教育和社会发展的要求，大众化、普及化应该成为艺术教育的主要目标，然而伯明翰大学普及的是“专业”艺术教育，而不是艺术教育的普及。与此同时，真正为人所憧憬和欣赏的“时尚”，仍然是在豪华气派的歌剧院、音乐厅上演的交响乐、歌剧和传统艺术，人们所崇尚的仍然是古典的艺术形式，仍然是英国人所持守的“绅士”“经典”。

① 参见：Angela McRobbie, *Postmodernism and Popular Culture*, London: Routledge, 1994.

三

美国大学与英国大学显然具有一脉相承的渊源关系，哈佛大学的最初缔造就与英国大学有关。当年，英国移民试图在新英格兰建一所像其祖国的剑桥一样的大学，以便传承其古典式教育。和英国许多古老大学一样，哈佛大学最初建立时只是一所神学院，其校训为 VERITAS FOR THE CHRIST CHURCH，意即“遵循基督教会真理”。后来，这则校训只保留了 VERITAS，成了哈佛大学的永久性标志，而今天的哈佛神学院却常常被美国教会批评为“太自由，神学院的色彩已荡然无存”……

哈佛大学理念和精神的历史变化意味深长。从教会神学院和保守的传统大学模式到一个自由开放、世界一流的现代人文性大学的转变，表现在教育理念、课程设置、管理机制等各个方面，艺术教育自不例外。非专业艺术教育观念的变革和具体实施，明显表现在大学校长的教育理念当中，纵观美国哈佛大学通识教育的发展历史，可以分为五个主要阶段来考察艺术教育在通识课程中的分量，并随其本科课程体系的变革来了解其非专业艺术教育模式的主要变化。

(一)建校初期至 1869 年的传统模式

1636 年哈佛建校时，建立的只是一所神学院，目的主要是培养神职人员，以满足信众们的需要。尽管如此，它还是沿袭了一定人文教育的思想，开设“自由教育”或文科教育的课程主要包括古典文学和古典语言，如拉丁文和希腊语。200年后，学院规定的所有教育课程共13门：拉丁文、希腊语、数学、修辞、历史、化学、法语、自然历史、伦理和智识哲学、物理、政治经济学、宪法、自然和启示神学依据。这是一种典型的传统教育模式，其中虽无太多“纯粹的”艺术教育成分在内，但我们所说的文学艺术已兼容其中，且文理兼及，承袭古希腊精神，认为大学殿堂里的知识是为陶冶人的心灵及心智成长，强调透过心智能力发展与理性运作来脱离蒙蔽或去除褊狭。

(二)1869～1909年的自由选修模式

1869年，年仅35岁的埃利奥特(Charles William Eliot)出任哈佛的校长。他上台以后，一改学校过去对课程设置严格限制的做法，逐步将本科生所有的课程全部改为选修制：1872年，所有对四年级学生的课程要求全部被取消；1874年起，开始正式把非专业艺术教育列入本科课程。1879年，三年级以上学生的课程全部改为选修；1884年，二年级学生也加入了“自由选修”的行列；到1895年，一年级的必修课已减少到两门英语课程和一门现代外国语。埃利奥特对哈佛的课程体系做出如此重大的改革基于他对教育的看法。他认为美国高等教育迄今为止对学生个人智力和兴趣方面的差别没有给予足够的重视。大学应该给学生更多的自由，让他们选择自己感兴趣的科目，包括一些人文的和艺术的科目。他相信大学本科生已经是成熟有自律能力的成年人，可以对自己的行为负责任。学校提供自由选择的机会可以进一步培养和训练他们的自我责任感，他们步入社会以后会将这种责任感发展成对社会的责任感。这才是高等教育的根本目的所在。

（三）1909～1945年的集中与分配模式

1909年，洛厄尔（Lawrence Lowell）接替埃利奥特就任哈佛大学的校长，开始推行“集中与分配制”，对普及文学艺术教育起到推动作用。他的思路即：本科生的十六门全年课程中六门必须“集中”在自己的主修，修完以后要进行结业大考；其他至少六门必须“分配”于自然科学、社会科学和人文科学三个领域。为了提高学生的学习质量，他还引进了英国的导师制，每个本科生都有一位教师或高年级的研究生做导师，定期和他们讨论自己的学习计划和进展。为鼓励学生努力学习，他还创立了优等生学生计划：学生各门功课达到一定程度，论文达到一定质量，还要有一定艺术课程学分才可获得优等生称号。

（四）1945～1975年的通识教育模式

1943年，科南特（James Bryant Conant）出任哈佛大学的校长。他于1945年组织了一个主要由人文科学家组成的委员会，开始对哈佛本科生的课程体系进行又一次变革，文学艺术教育模式也随之发生变化。委员会经过大量调查研究后发布了其工作报告《自由社会中的通识教育》。即上文提到的美国高等教育史上有名的《“红书”》，面对纷纭变幻的世界，他们特别强调通识教育的主要任务是继承人类的知识财富。因此，他们要求每一位学生必修以下三门课程："文学名篇""西方思想和组织机构"以及任一门物理学或生物学方面的课程。除此之外，学生必须在人文学科、自然科学和社会科学这三个领域各选一门全年的课程。在这一新的体制之下，课程的设置主要按学科进行分类[①]而且，文学艺术在通识或普通课程中的比例明显加重。

（五）1945 年至今的核心课程模式

曾经担任为期 20 年哈佛大学校长并于 2006～2007 年再次被请出担任过渡校长的博科（Derek Bok），于 1975 年任命文理学院院长若索伏思基（Henry Rosovsky）组成一个委员会，专门调查本科生教育课程和其他本科生课程设置情况。在若索伏思基的领导下，委员会于 1975 年上半年召开了多次教师会议，经过一个夏天的调查和反思，委员会一致同意除专业课和选修课以外，建立一套本科教育的核心课程。这一套课程的设置不应该以课程的内容和类别为依据，而应该以教授这些课程的目的为准绳，即培养学生的智能和思维方式。通过核心课程的学习，学生应该了解人类组织、运用和分析知识的方式和手段。委员会认为教师应该给予学生适当的指导，并同时受到一定人文艺术的教育。哈佛大学在它的核心课程的说明中说，核心课程的指导思想是，每个哈佛的毕业生不仅要得到特定专业的训练，而且要接受广博的教育。

---

① 参见：Arthur Levine, *Handbook on Undergraduate Curriculum*, Jossey-Bass: San Francisco, 1978.

从 1982 年秋天到现在的 25 年中，哈佛大学的核心课程在不断地发展和完善。目前，核心课程共 7 个领域，11 类，包括：(1)外国文化(36 门)；(2)历史研究 A(25 门)、历史研究 B(31 门)；(3)文学艺术 A(25 门)、文学艺术 B(17 门)、文学艺术 C(21 门)；(4)道德推理(16 门)；(5)定量推理(26 门)；(6)科学 A(26 门)、科学 B(15 门)；(7)社会分析(Social Analysis)(15 门)；共计 253 门。可以见出，文学艺术教育的内容明显增加，达 63 门，占全部课程的 1/4①。

2007 年 7 月 1 日，历史学家福斯特(Drew Gilpin Faust)教授上任哈佛大学第 28 任校长。作为哈佛大学 371 年来第一位女校长，她定会在艺术教育改革方面取得新的成就，这也期待着我们做进一步研究。大致上讲，除了以上按照更换校长施行课程改革的分期，还可着重于艺术教育本身分为三个大的时期：(1)自由艺术教育时期；(2)通识教育时期；(3)核心课程时期。但无论怎样分期，每一次伴随更换校长后所施行的课程变革的"张"与"弛"，哈佛大学艺术教育模式与其他课程模式一样，总体上都是越来越朝向自由开放的，朝向社区社会并满足其广泛要求的。最明显的表现方式是一年一度的艺术节，"艺术第一"是其口号，与社区文化艺术生活相融合是其方式，提高艺术审美鉴赏力是其目标。

总之，英国伯明翰大学尽管产生于现代，但由于英国古典的精英的教育理念和思想以及教会传统根深蒂固，其艺术

① 参见陈向明：《美国哈佛大学本科课程体系的四次改革浪潮》《哈佛大学课程手册》以及哈佛大学互联网站 http://www.harvard.edu。

教育模式尽管经历了多次变革，但与具有新英格兰开拓精神的美国“新移民”创建的哈佛大学相比，仍然具有相当保守的色彩，而这种保守表现在英国教育思想、教育体制的许多方面，艺术教育模式仅仅是其中一个侧面。我认为其主要原因在于：人们对艺术的传统认识仍根深蒂固，认为艺术高雅和美的品质来自其高贵、庄重、华贵甚至神圣，这必然导致人们把艺术仍看作皇家、贵族或教会人士的奢侈品，把艺术教育看作培养传统意义上经典艺术家和艺术品的教育方式。哈佛不同，这一点可能只有身置于这两所高校并进行比较，才可能有更为深刻的体会。

何以美文?

司马光这段表述言、文、诗关系的古训，我已引用过多次，即：言之美者为文，文之美者为诗。这次引用是为了说明“大散文”这一概念和观念，在我国传统文论当中是有学理依据和历史渊源的。

文之美者为诗，何意？简言之，美的文字、美文就是诗，就是文学。因为诗无论在国内还是国外，都意味着人类文学的原初形式或文学的代表，所以有《诗经》，有《荷马史诗》，又把文论、文艺美学称作“诗学”。

《论语·阳货》有云：“子曰：‘小子，何莫学夫《诗》？《诗》可以兴，可以观，可以群，可以怨；迩之事父，远之事君；多识于鸟兽草木之名。’”孔子的“兴观群怨”说已为尽人皆知，是对诗的美学作用和社会教育作用的深刻认识，开创了中国文论的先河。

美的散文是诗，美文即诗，而诗是可以“兴”，可以“观”，可以“群”，可以“怨”的。也就是说，美文是可以“兴观群怨”的散文。如此，美的散文，必然是“大散文”；否则，它只可能是具有单一或局部功能的“小散文”，而非美文，非诗，非真正文学。

在英语世界，对文学的理解也随时代在变化。中国诗歌最为兴盛的时代，连英语都还没有产生呢，就更别说英语文学了。在当代，依据现实的发展，英语文学界以“虚构”（fiction）和“非虚构”（nonfiction）来归类文学作品。比如，莫言是以虚构作品获得诺贝尔文学奖的，而阿列克谢耶维奇则是以非虚构作品获得诺贝尔文学奖的。这样的分类原则就为“大散文”与世界接轨提供了极好的契机。或者，换一个角度说，世界在向中国文学界学习，因为英语世界的“非虚构”概念和观念，与中国的“大散文”概念和观念完全吻合。

中国文学与世界文学的关系，始终是一个值得研究的命题。在今天全球化的语境下，更引起学术理论界的极大关注和强烈兴趣。“世界文学”是一个具有特定含义的理论术语，并非“世界上的文学”就一定是“世界文学”，就如同“世界上的宗教”并不都是“世界宗教”一样。世界文学，一定是带有世界性文学特征的文学。有学者把对其基本内涵的理解归纳为三：其一，各民族和国家文学一般意义上的总和；其二，各民族和国家文学的经典杰作，历经时间淘洗而为不同时代和民族的读者所喜爱；其三，一种体现了世界意识或跨文明交流的特殊形式的文学或者研究方法。中国文学历史悠久而深远，但在当代语境中成为学术研究意义上或学科意义上的世界文学，依然任重而道远，依然有很多事情可做。因为目前的状况依然没有完全突破西方话语中心，依然是西方在制定和使用他们自己的评判标准来评判“世界文学”。

"中国通"

过去,会说汉语的外国人比较少,精通中文的外国人更少。所以,如果有那么一两位外国人能说上一口流利的普通话,甚至更好一些的能够说些方言,常常会被我们夸赞为"中国通"。

这些年,来中国学习、旅游、工作和生活的外国人越来越多,"中国通"看似也变得越来越多起来。然而,在我看来,"中国通"之说从最初到如今,都只不过是具有某种夸张内涵的客套话而已,因为,真正意义上的"中国通"连中国人自己都难以做到,外国人怎么可能成为"中国通"?

外国人是很难真正了解中国的。比如,外国的留学生来中国的大学读书,只能生活在城市,因为只有城市才有大学,现代中国的大城市,与伦敦、巴黎、纽约、柏林、迪拜、约翰内斯堡等等相比,每个城市虽各自有其独特性,但它们作为现代化大都市的本质特征大致是一样的。早些年,我曾在英国的伯明翰和美国的波士顿留学。在波士顿,美国的同学带我到纽约转了两天,问我是否喜欢纽约,我的回答是不喜欢;又问喜欢英国还是美国,我的回答是英国。这样的回答让他们百思不得其解,因为在他们看来,纽约是世界上最好的地方,美国是世界上最好的国家。然而,我的回答也是发自内心的大实话，我不会因为他们带我到了纽约就说纽约好，也不会因为他们是美国人就说美国好。在我看来美国是一个现代国家，是一个现代城市密集的国家；而不是一个古典型的、带有田园风光的国度，尽管美国新移民把他们上岸的地方叫新英格兰，很多地名也叫原来英国的名字，但它作为现代化国家，已经失去了英国原有的乡村情调，它没有乡土情结、乡土生活、乡土文化。它只有几百年历史，而这几百年也主要还是工业化、现代化的过程，包括殖民初期的农业，也主要是以现代化生产为手段的农场。也就是说，这样的现代国家是以现代城市文化为主要标志的。前几期，我曾连续写过两篇批评现代性的文章，一篇是《什么是现代性?》另一篇是《现代性带给了我们什么?》某种程度上表明了我对现代性的基本看法，和对“望得见山，看得见水，记得住乡愁”的无限憧憬。

现在学术界有些特别奇怪的现象，或者说有几个方面的“远离”：文学理论学者越来越远离文学；文化学者越来越接近城市文化，远离乡村文化；社会学者越来越多地关注城市的社会生活，远离乡村的社会生活。这是一种令人悲哀的“远离”，因为中国始终都是、现在仍然是一个农业大国，这是中国的最基本特征。今天，我们同样追求现代文明，但我们所追求的现代文明是中国特色的现代文明，未必非要建立在城市文明的基础之上。在广大的乡村沃土上，我们同样可以建立起现代文明。这就需要我们更深刻地理解“现代”。现代，不应是对乡村、对古典的一种全然否定，而是在乡村、乡村文化、农村文化、农业文明的基础上升华而成的现代，是保留古典精粹的文明形式。毕竟，并不能只有根据工业化程度来判断现代文明的程度。西方发展的事实证明，对工业化程度的一味追求，反而戕害了现代文明，带来了现代性危机。

在我看来，中国的乡村文化、乡村文明与城市有什么不同；中国的乡村文化、乡村文明与其他国家的乡土文化有什么不同，才是非常值得当代文学界，特别是中国文学对外传播的理论工作者关注的话题，因为这是中国文化与别国文化最本质的相异部分。在此意义上，也恰恰对接了学术界一直在讨论的另一个命题——“越是民族的，越是世界的。”中国文化的世界传播，如果失去了民族性、民族特色、地方特色，具体说如果失去了中国这样一个农业大国的特色，我们告诉世界的、贡献给世界的，向世界讲述的中国故事，向世界传播的中国文化，一定是不全面的，甚至仅仅是一小部分。在此意义上，对中国文学中的乡土写作、乡土文学作品，无论怎样赞誉都是不过分的。

最近，一直在读李玉善的散文集《惊蛰之后》。这本书让我多次回想十多年前在哈佛大学读书的时候，听人类学家Machale Herzfield对“人类学”深入浅出的解读：人类学，并非像有些学者所讲的，研究“人从哪里来，到哪里去，人的意义是什么，人为什么存在，人的价值在哪里”。人类学的目标和目的，是让更多的“人”发声，让大面积的、平时我们听不到发声的“人”发出声音，并且让世界倾听到他们的声音。世界公认的人类学家费孝通所著《乡土中国》和《江村经济》，就是这样的人类学著作。

读李玉善的文学作品，似乎就听到了这样的声音，看到了我们广大农村的真实样貌。所以，我认为他的作品是文学版的《乡土中国》和《江村经济》，而且这是散文写作所应该倡导的题材和风格，不然，中国民众多数群体的声音就很有可能被淹没，中国文化当中大面积的存在就很有可能被忽视。

后　记

这本《文化与全球化》是我近些年来从事教育评论和文学、文化评论的结集，大部分发表在教育部主管的《中国教育报》《中国高等教育》和著名作家贾平凹主编的《美文》杂志上。

教育，可以说是全民、全社会关注度最高的领域，也是党和国家高度重视的领域，作为一名长期从事教育工作的高校教师，我感到有义务和责任表达自己对教育政策的理解并进行个人解读，发表自己对教育现象的看法和评论，所以，应该感谢《中国教育报》《中国高等教育》提供普通教师发表言论的平台。

文化，广义上讲应该是包含教育在内的，文化传承和传播理所当然包括教育理念和教育思想的中国传承和海外传播。文化自信，毫无疑问也包含中国教育的自信。不过，当我们谈到中国文化“走出去”时，文化的内涵会非常广泛，在这种情况下，文化内涵的表现形式或者说文化载体就显得尤为重要。《美文》杂志作为国内首屈一指秉承“大散文”理念的文学期刊，站在以中国文学“走出去”带动中国文化“走出去”的最前沿，为中国文学走向世界做出了极大努力和积极贡献。正是因为有《美文》对“大散文”初心的坚守和对“先切实，后抒情”的执著，才使得具有中国文学文体标志性特色的散文，能够参与世界文学交流。所以，也应该感谢《美文》杂志为中国及世界各国文学爱好者提供的良好平台。

感谢文学界和教育界的两位大家为本书作序，感谢山东大学出版社为本书出版所做出的努力。当然，这本书的观点只是个人看法，由于本人知识所限，偏误难免，真诚欢迎读者批评。

张 华

2018 年 11 月 18 日于澳门科技大学

图书在版编目(CIP)数据

文化与全球化/张华著. —济南:山东大学出版社,2019.1

ISBN 978-7-5607-6299-9

Ⅰ. ①文… Ⅱ. ①张… Ⅲ. ①文化交流—中国—文集 Ⅳ. ①G125-53

中国版本图书馆 CIP 数据核字(2019)第 023383 号

责任编辑:狄思宇
封面设计:张　荔

出版发行:山东大学出版社
社　址　山东省济南市山大南路 20 号
邮　编　250100
电　话　市场部(0531)88363008
经　销:新华书店
印　刷:济南华林彩印有限公司
规　格:787 毫米×1092 毫米　1/16
12.75 印张　125 千字
版　次:2019 年 1 月第 1 版
印　次:2019 年 1 月第 1 次印刷
定　价:60.00 元